NIMES A MARIE
(798-1898)

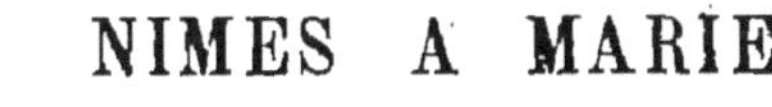

XIe CENTENAIRE DE N.-D. DE ROCHEFORT

TRIDUUM SOLENNEL

EN L'HONNEUR DE

NOTRE-DAME DE GRACES

COMPTE-RENDU

des Fêtes célébrées dans la Cathédrale de Nimes

LES 5, 6 & 7 JUILLET 1898

par l'initiative et sous la direction de Monseigneur l'Évêque

Prix : **30** centimes

NIMES

—

IMPRIMERIE LAFARE FRÈRES

1, Square de la Couronne, 1

—

1898

A la Vierge Marie
Notre-Dame de Grâces de Rochefort
Gloire et reconnaissance.

———

A Son Eminence
Mgr l'Archevêque de Lyon et de Vienne
Primat des Gaules ;

———

A NN. SS. les Archevêques d'Avignon,
d'Aix et de Bourges ;

———

A NN. SS. les Evêques de Montpellier, de
Viviers, de Montauban, de Monaco, de Mo-
synopolis, de Rodez et de Digne ;

———

A Mgr l'Évêque de Nimes, Uzès et Alais ;

———

Aux RR. PP. Abbés de Lérins, d'Aiguebelle,
de N.-D. des Neiges, de Sénanque ;
Hommage
de profond respect et de vive gratitude.

———

Aux Révérends Pères de la Société de Marie,
Gardiens du Sanctuaire de Rochefort,
Respectueuses et fraternelles sympathies.

NOTRE-DAME-DE-GRACES

En ce solennel centenaire, notre devoir est de redoubler de piété, de dévotion, de gratitude à l'égard de l'Auguste Vierge qui, du haut de son rocher, veille, depuis onze siècles, avec un amour maternel sur notre diocèse.

Déjà lui ont été rendus, au sein même de son pieux sanctuaire, les hommages de milliers de pèlerins accourus de tous les points pour la saluer et pour la chanter.

Ce n'était pas assez : il fallait à ces témoignages isolés, de familles ou même de paroisses, ajouter une démonstration générale, celle de tout le diocèse. Et c'est dans ce but que Mgr l'Evêque a provoqué ces fêtes solennelles que nous allons célébrer, les 5, 6 et 7 juillet dans l'église Cathédrale, l'église mére et maîtresse de toutes les autres églises, qui, elle aussi, par une heureuse coïncidence, porte un glorieux vocable de Marie : Notre-Dame de l'Assomption

Rien ne doit manquer à ce triduum d'honneur, ni les riches de l'ornementation de la Cathédrale, ni les pompes des cérémonies, ni la présence de nombreux et illustres prélats, ni l'élan des fidèles, impatients d'y prendre part. Tout sera digne de la majesté de la Mère de Dieu, de la piété de notre Evêque pour Marie, de la dévotion plusieurs fois séculaire du diocèse envers Notre-Dame de Grâce.

Notre-Dame de Grâce ! C'est l'un des vocables qui doivent être les plus agréables à la Mère de Dieu.

Notre-Dame de Grâce ! Cela veut dire, d'abord, que Marie est comme identifiée avec la grâce ; qu'elle la possède dans sa plénitude, ainsi que l'Ange se plaisait à le proclamer : *Gratia plena*. Dans les autres, la Grâce est plus ou moins abondante ; dans Marie elle est tonte entière, autant qu'une créature peut la posséder ; les Pères de l'Eglise n'ont pas trouvé, pour nous dépeindre l'abondance de la grâce en Marie, d'autre comparaison plus juste, plus exacte, que de nous montrer le cœur de Marie comme un océan de grâce *Mare gratiæ*, il est l'immensité, le cœur de Notre-Dame de Grâce.

Notre-Dame de Grâce ! Ce vocable veut dire aussi que Marie qui est « souveraine » plaît, charme et séduit par la grâce qui se reflète sur tout son extérieur, surtout par ce sourire gracieux qui inspire la confiance et l'amour, qui attire puissamment à elle tous les cœurs : *Specie tuâ et pulchritudine tuâ...procede et regna.* Marie, notre Dame, notre Souveraine règne et gouverne par la grâce : elle fait l'accueil le plus maternel à toutes nos demandes ; elle nous considère comme ses enfants et sa grâce ne cesse de s'épancher sur nous !

Notre-Dame de Grâce ! Le sens le plus obvie, le plus doux pour nos cœurs, c'est que Notre-Dame est la source de grâces pour ceux qui l'honorent et qui l'invoquent. Car ce n'est point pour Elle qu'elle est « Souveraine », c'est pour être la dispensatrice des faveurs et des bienfaits de Dieu à notre égard et son plus grand bonheur est d'ouvrir ses mains, pleines des trésors célestes, pour laisser tomber sur ses enfants la rosée des divines largesses. Que de grâces elle nous a prodiguées depuis onze siècles ! Chaque page de nos annales est marquée par un des prodiges de son amour ; elle s'est montrée en toute circonstance Notre Dame de Grâces.

Aussi bien cette montagne de Rochefort, ce rocher béni où Dieu a voulu placer le trône de Marie, nous rappelle-t-il cette montagne de l'Horeb où le Seigneur conduisit Moïse, lui ordonnant de frapper le rocher pour en faire jaillir cette eau abondante qui désaltéra son peuple. Marie est là aussi debout, tenant à la main la verge de sa puissance ; elle en a frappé toujours ce rocher du désert et les flots de la grâce n'ont cessé de jaillir pour se répandre dans les âmes.

Ce qu'elle a fait hier, elle le fait aujourd'hui : son bras est aussi puissant, son cœur aussi maternel. Son divin Fils lui répète ce qu'il lui a dit pendant onze siècles : *En ego stabo coram te super petram Horeb percutiesque petram et exibit ex eâ aqua ut bibat populus.* Me voici toujours auprès de vous, ô ma Mère, sur ce rocher : frappez encore cette pierre et l'eau coulera pour désaltérer mon peuple. (Exod. XVII. 6.)

Invoquons avec confiance Notre-Dame de Grâce. Prions-la pour l'Eglise et pour son Auguste Chef, pour notre diocèse et pour notre bien aimé Pontife, pour tous ces vénérables prélats qui viennent rehausser de leur présence l'éclat de nos solennités, pour toutes nos familles, pour les pécheurs ; prions-la pour la France, qui est son royaume, afin qu'elle se relève et redevienne chrétienne. Que les eaux de la grâce coulent dans toutes les âmes pour les purifier !

 O Marie ! O Notre-Dame de Grâces ! Tenez toujours en vos mains maternelles la verge de votre miséricorde et frappez-en votre rocher ! Votre peuple a soif de justice et de vérité : qu'il vienne se désaltérer à cette source d'eau vive et inépuisable qui jaillit sous votre pouvoir pour la vie éternelle !

Notre-Dame de Grâces, priez pour nous !

NOSSEIGNEURS LES ÉVÊQUES

Nous donnons sous ce titre une notice biographique sur NN. SS. les Evêques qui doivent assister à nos fêtes : nos lecteurs seront heureux, croyons-nous, de connaître les traits principaux de la vie de nos hôtes vénérables.

S. E. le Cardinal COULLIÊ

Archevêque de Lyon.

Mgr Coullié (Pierre-Hector), est né à Paris le 14 mars 1829. Il suivit les classes du Petit-Séminaire de Saint-Nicolas du Chardonnet, tandis que l'abbé Dupanloup était supérieur de cet établissement diocésain. Le futur évêque d'Orléans qui se connaissait en hommes, distingua le jeune séminariste, le prit en affection et ne le perdit jamais de vue.

Ordonné prêtre en 1854, Mgr Coullié fut nommé vicaire à la paroisse Sainte-Marguerite où il resta quatre ans ; il fut transféré ensuite au même titre à la paroisse Saint-Eustache ; enfin en 1872, il était nommé premier vicaire à Notre-Dame des Victoires et deux ans après, en 1874, il était investi de l'importante charge de promoteur de l Officialité, en remplacement de Mgr d'Hulst qui devenait vicaire-général.

En 1876, Mgr Dupanloup qui veillait toujours sur son disciple de prédilection demanda l'abbé Coullié pour coadjuteur, et le nouveau prélat, préconisé le 29 septembre évêque *in partibus* de Sidonie fut sacré le 19 novembre suivant à Notre-Dame par Mgr Guilbert, archevêque de Paris.

Il ne devait pas attendre longtemps la glorieuse succession qui lui était destinée : par la mort de Mgr Dupanloup, survenue à peine deux ans après, Mgr Coullié, le 12 octobre 1878, devenait évêque d'Orléans.

Le Maître n'avait pas trop présumé du disciple : celui-ci était digne de recueillir ce noble héritage et son épiscopat de 15 ans, fécond en œuvres, a laissé à Orléans un souvenir ineffaçable. On se souvient surtout de son éloquent panégyrique de Jeanne d'Arc, prononcé le 7 mai 1891 devant M. le Président de la République et dans lequel il dit ces belles paroles : « Les deux sentiments qui ont inspiré la vie de notre libératrice : patriotisme et foi résument aussi la nôtre. Comme Jeanne d'Arc, nous n'avons tous, évêques et prêtres, d'autre ambition que de consumer nos forces au service de Dieu et de la Patrie. » Tel fut toujours en effet Mgr Coullié, évêque à la hauteur de sa mission sociale et religieuse.

Le 15 juin 1893 Mgr Coullié était nommé archevêque de Lyon et de Vienne : la cérémonie de son intronisation avait lieu le 14 septembre suivant.

S'offrit quelques mois plus tard la douloureuse question de la nouvelle comptabilité des fabriques. Mgr Coullié écrivit à ce sujet au ministère des Cultes une lettre de protestation motivée qui lui valut, pour toute réponse, la suppression de son traitement. Sa Grandeur subissait dignement cette épreuve, bien adoucie, d'ailleurs, par le dévouement de ses diocésains qui par une souscription publique lui avaient offert plus que la suppression de son traitement ne faisait perdre à l'évêque et à ses œuvres, quand survint l'odieux attentat dont fut victime, à Lyon même, le Président de la République, M. Carnot. Appelé auprès du mourant, Mgr Coullié l'assiste, lui prodigue tous les secours de son ministère et ne s'éloigne que lorsque la mort a achevé son œuvre.

A Lyon, comme à Orléans l'évêque eut bientôt fait de s'attirer toutes les sympathies et de gagner tous les cœurs. La souscription à l'occasion de la suppression de son traitement en fut une première démonstration ; la seconde se produisit à l'occasion de la consécration de la nouvelle église de Fourvières, le 16 juin 1896 ; la troisième, pour fêter sa promotion au cardinalat.

Cette promotion date du mois de mai 1897 ; c'est le 20 mai que le nouveau prince reçut la barette des mains de M. le Président de la République à l'Elysée. Dans le consistoire du 24 mars 1898 Sa Sainteté conférait à Mgr l'archevêque de Lyon

les insignes de sa nouvelle dignité, plaçait l'anneau cardinalice à son doigt et lui assignait le titre de la Trinité des Monts.

Le soir même un billet de la Secrétairerie d'Etat assignait
au cardinal Coullié les Congrégations dont désormais il
était membre : congrégations des *évêques* et *réguliers*, des
Rites, des *Etudes* et du *Cérémonial*.

Le lendemain, 25 mars, fête de l'Annonciation de la Très
Sainte Vierge, Mgr l'archevêque de Lyon prenait possession
de son église titulaire, en présence de l'ambassadeur, de plusieurs archevêques et des notabilités de la colonie française.
Le discours prononcé par Son Eminence rappelle tous les sou-
venirs glorieux qui rattachent la France et Lyon en particulier à la Trinité des Monts. Citons ces quelques lignes où l'éminent pontife rend hommage à son vénérable prédécesseur :

« Et c'est des mains du cardinal Boyer, l'éminent archevêque de Bourges que je reçois ce bel héritage. L'église de
France le pleure encore. Et Rome savait bien apprécier la
sûreté de sa foi, l'ardeur de son zèle, la prudence de ses
conseils. Ces deux amours de l'Eglise et de la France étaient
en lui la passion de sa vie et la douce piété qui l'agenouillait
aux pieds de *Marie admirable*. en une reconnaissance émue,
ajoutait à ce caractère saillant et fort l'onction de l'humilité
et de la tendrese. »

A 7 heures du soir, le même jour, dans le salon de la Pro-
cure de Saint-Sulpice, Mgr Merry del Val — le même prélat
qui, le 1ᵉʳ février dernier, introduisait Mgr l'évêque de Nimes
auprès de Léon XIII — remettait à son Eminence le chapeau
cardinalice que portait auprès de lui sur un bassin d'argent un
camérier de Sa Sainteté.

A son retour, dans sa ville épiscopale, aux premiers jours
d'avril, le Chapitre primatial, le clergé de Lyon et de tout le
diocèse se réunissaient auprès de Son Eminence pour lui offrir
le tribut de leurs félicitations et de leurs hommages. Les fidèles
avaient déjà témoigné de leur joie par le don précieux qu'une
généreuse famille faisait à son cardinal d'une cappa-magna en
soie évaluée à plus de huit mille francs.

Tel est le prince de l'Eglise qui vient présider nos belles fêtes du Triduum ; la pourpre cardinalice dont l'a revêtu Léon
XIII est la juste récompense, un digne couronnement d'une
longue et belle vie de prêtre et d'Evêque.

S. G. Monseigneur SUEUR

Archevêque d'Avignon

Après l'Eminentissime Cardinal, la première place revient à notre vénéré métropolitain, Mgr Sueur, archevêque d'Avignon.

Mgr Sueur (Louis-François) naquit à Champigneulles (Pas-de-Calais) le 21 mai 1841. Il fit ses études au collège de Montreuil-sur-Mer et au Grand Séminaire d'Arras.

Ordonné prêtre le [21 décembre 1867, il fut nommé professeur à ce collège de Montreuil où il avait été élevé ; puis il passa au même titre au Grand Séminaire dont il fut le supérieur pendant cinq ans, de 1887 à 1892. Il fut alors nommé vicaire général d'Arras.

Un décret du 29 janvier 1894 éleva Mgr Sueur à la dignité épiscopale comme évêque d'Evreux ; préconisé le 18 mai, il fut sacré le 5 août dans la Cathédrale d'Arras.

Enfin un décret du 30 mai 1896 nommait Mgr Sueur à l'archevêché d'Avignon ; il était préconisé dans le consistoire du 22 juin suivant.

Mgr l'Archevêque d'Avignon a déjà présidé une de nos grandes fêtes : la consécration épiscopale de Mgr Germain, évêque de Rodez ; il prononça, en cette circonstance, un magistral discours sur la dignité et le caractère de l'Evêque dont la *Semaine* fut heureuse de donner une complète analyse.

S. G. Monseigneur GOUTHE-SOULARD

Archevêque d'Aix, Arles et Embrun

Mgr GOUTHE-SOULARD (François-Xavier) est né à S. Jean-la-Vêtre (Loire) le 1ᵉʳ septembre 1820. Nommé archevêque d'Aix par décret du 2 mars 1886, il fut préconisé le 10 juin suivant et sacré à Lyon le 25 juillet. Au moment de son élévation à l'épiscopat il était curé de l'importante paroisse de St-Pierre de Vaise, à Lyon, où son zèle, son dévouement surtout pour toutes les œuvres ne tardèrent pas à lui gagner l'affection de son peuple : les sincères regrets que provoqua son départ ont conservé encore aujourd'hui après douze ans toute leur vivacité. Avant d'être curé de Vaise, il avait été vicaire général du diocèse.

Archevêque d'Aix, Mgr Gouthe-Soulard se livra avec le même élan aux œuvres de dévouement et s'attacha en particulier à l'œuvre des Petites Sœurs des Pauvres et à celle des Ecoles. En 1886 et 1896, à l'heure des désastreuses inondations de la Durance et du Rhône, il s'empressa de porter à ses diocésains douloureusement éprouvés le secours de ses libéralités et de ses consolations. En écrivant un jour sur la situation critique où se trouve l'Eglise de France, il laissa tomber de sa plume ce mot qui était exact et qui porta juste : « Nous sommes en franc-maçonnerie » Léon XIII le lui rappelait en souriant dans une de ses dernières audiences.

Mais la secte si vertement dévisagée lui en tenait rigeur et elle s'en vengea. Elle profita d'une lettre énergique mais correcte au ministère pour crier à l'outrage et traduire le courageux prélat devant la Cour d'appel de Paris. La France catholique prit fait et cause pour le pontife persécuté ; elle applaudit à sa noble déclaration et quand le 24 novembre 1891 la Cour d'appel condamnait l'archevêque d'Aix à 3000 francs d'amende, elle sut lui témoigner ses plus vives sympathies. Son diocèse n'avait pas attendu cette condamnation pour le dédommager de son traitement : il redoubla d'attachement et d'amour pour le Pasteur qui soutenait, malgré tout, les droits de l'Eglise, de la justice et de la vérité. Ayons du moins un mot d'éloge et de gratitude pour son digne défenseur, M. l'avocat Boissard, hélas ! trop prématurément enlevé à sa famille, à ses amis, aux grandes causes qu'il défendait avec un si beau talent : en d'autres temps il eût gagné sa cause. Le ministère public était représenté par M. Quesnay de Beaurepaire, qu'il suffit de nommer.

Rappelons encore deux circonstances mémorables de cet épiscopat : la solennité des noces d'or de son sacerdoce qui fut l'occasion d'une manifestation si spontanée et si générale de la piété filiale de son clergé et de ses diocésains ; le triduum des fêtes d'Arles, à l'occasion du centenaire du sacre de saint Augustin de Cantorbéry, triduum présidé par le cardinal Vaughan, successeur de saint Augustin, et où notre Evêque se fit remarquer par son éloquent panégyrique de Saint Grégoire-le-grand.

Mgr Gouthe-Soulard est de haute taille, svelte, toujours ferme et droit malgré ses 77 ans ; sa parole vive, incisive comme son style, plaît, intéresse, captive ; elle est claire ;

précise, brève ; elle a le mot qui frappe et qui reste ; c'est l'expression d'une pensée toujours juste. Ses lettres pastorales sont très goûtées de ses diocésains ; ses discours, surtout en faveur des écoles, réunis en volume, ont obtenu le plus flatteur succès et ses lettres politiques sont une friandise pour la presse qui les reproduit avec avidité. Allure franche, comme son caractère, physionomie ouverte et expressive, l'œil vif, tout en lui révèle une belle âme d'évêque et un vrai tempérament de Français.

Mgr l'archevêque d'Aix est venu souvent prendre part à nos fêtes, s'associer à nos joies ou à nos deuils ; il est le supérieur des religieuses de St-Thomas-de-Villeneuve, dont la Maison-Mère est à Aix, et, quand elle vient visiter Nimes, Sa Grandeur se plaît à aller demander l'hospitalité à ces Filles spirituelles de St-Thomas qui dirigent l'orphelinat de la Providence ; l'éminent prélat est heureux de s'abriter sous le même toit que ses chères orphelines.

S. G. Monseigneur SERVONNET

Archevêque de Bourges

Mgr SERVONNET appartient à une humble famille du diocèse de Grenoble. Né à St-Pierre-de-Bressieux (Isère) le 14 décembre 1820, il fit ses études d'abord au Petit-Séminaire de la Côte St-André, puis au collège ecclésiastique de Pont de Bonvoisin.

Ordonné prêtre en 1854 à Grenoble, il débuta immédiatement, sans exercer le ministère paroissial, comme secrétaire particulier de son évêque, Mgr Ginoulhac, qui, transféré en 1870 à Lyon, l'emmena avec lui et le nomma secrétaire général de l'archevêché, puis, en 1872, chanoine titulaire de l'église primatiale, plus tard, doyen du Chapitre et en 1875, vicaire général honoraire.

Mgr Servonnet avait dépensé beaucoup de dévouement, pendant la guerre de 1870-1871, au service des soldats varioleux dont il avait voulu être l'aumônier.

Nommé au siège de Digne par décret du 24 avril 1889, il fut préconisé dans le Consistoire du 27 mai suivant et sacré le 25 juillet à Lyon dans l'église primatiale de Saint-Jean.

Par décret du 14 avril 1897, Mgr Servonnet fut transféré à

l'archevêché de Bourges, vacant par la mort du regretté cardinal Boyer, préconisé dans le consistoire du 19 avril et intronisé le 31 juillet.

S. G. Monseigneur de CABRIÈRES

Evêque de Montpellier

Mgr DE CABRIÈRES (François-Marie Anatole de Rovérié) naquit à Beaucaire le 30 juillet 1830. Brillant élève du collège de l'Assomption, il fut le disciple préféré du R. P. d'Alzon. Ordonné prêtre, il fut associé à la direction du Collège, mais bientôt après, Mgr Plantier l'attacha à sa personne en qualité de secrétaire particulier. Vicaire-général honoraire en 1864, il fut nommé chanoine titulaire de la Cathédrale en 1871. Environ trois ans après, un décret du 18 décembre 1873 le nommait évèque de Montpellier ; il fut préconisé le 16 janvier 1874 et sacré dans l'église Cathédrale de Nimes par Mgr Plantier, le 19 mars,

Mgr de Cabrières a été honoré par le Pape Pie IX du double titre de comte romain et d'assistant au trône pontifical ; plus récemment le Pape Léon XIII à l'occasion des fêtes du Centenaire de l'Université de Montpellier, daigna conférer à Mgr de Cabrières le privilège du Sacré Pallium.

Nous n'avons pas à redire les travaux et les œuvres de cet épiscopat qui achève sa 25ᵉ année : Nimes connaît chaque page de cette histoire glorieuse et elle en est fière.

Nous serons surtout heureux d'entendre une fois de plus la parole toujours sympathique, toujours vibrante de l'illustre orateur qui descend à peine de la chaire Notre-Dame où il exaltait Jeanne d'Arc ; son dernier discours dans notre église Cathédrale fut à l'occasion du service de la Croix-Rouge et il est fixé dans notre souvenir comme l'une de ses meilleures œuvres oratoires.

S. G. Monseigneur BONNET

Evêque de Viviers

Mgr BONNET (Joseph-Michel-Frédéric) est né à Langogne (Lozère) le 29 septembre 1835. Il était simple vicaire, quand Mgr Dabert, évèque de Périgueux — aujourd'hui vénéré doyen de l'épiscopat français — l'appela auprès de lui en qualité de secrétaire. Ses mérites et la maturité de son jugement lui valurent bientôt l'honneur d'être associé, comme vicaire général, à l'administration épiscopale de Mgr Dabert.

Nommé par un décret du 7 juin 1876 à l'Evêché de Viviers, il fut préconisé le 25 du même mois et sacré le 24 août dans la cathédrale de Périgueux.

Mgr Bonnet s'est distingué à maintes reprises par la fermeté de son attitude et l'énergie de ses justes protestations contre les lois hostiles à l'Église ; il encourut de ce chef les rigueurs du gouvernement qui supprima plusieurs fois son traitement. Mais le digne prélat n'en fut ni ému, ni découragé ; il trouva d'ailleurs chaque fois une bien douce compensation dans le dévouement et la générosité de son diocèse.

Mgr Bonnet vint à Nimes pour la première fois, le dimanche 28 octobre 1877, pour assister à la solennité de la consécration de l'église Saint-Baudile, où se trouvaient réunis douze évêques sous la présidence du cardinal Caverot, archevêque de Lyon, et depuis cette époque, il n'est pas une fête ou un deuil auquel il ne soit venu s'associer ; nous croyons volontiers qu'il se plaît à considérer le diocèse de Nimes comme son diocèse d'adoption et la Maison des Sœurs de St-Joseph qui offrent à leur supérieur la plus filiale hospitalité est comme un prolongement de sa demeure épiscopale.

S. G. Monseigneur FIARD

Evêque de Montauban

Mgr FIARD (Adolphe-Josué-Frédéric) est né le 12 décembre 1821 à Lens-Lestang (Drôme). Il était curé de S. Jean en Royans (diocèse de Valence) en 1876, quand son compatriote et ami, Mgr Vignes, nommé évêque d'Oran, le choisit pour vicaire-général.

Quand Mgr Vignes fut transféré à Digne, le 12 février 1880, Mgr Ardin, son successeur, conserva à M. Fiard son titre et l'admit dans ses conseils. Mais le vicaire-général d'Oran ne devait pas tarder à être appelé aux honneurs de l'épiscopat : un décret du 1er septembre 1881 nomma M. l'abbé Fiard à l'évêché de Montauban ; préconisé dans le consistoire du 18 novembre, il prit possession le 22 janvier 1882 et fut sacré dans la Cathédrale de Montauban le 25 janvier.

Ce n'est pas la première fois que Mgr l'Evêque de Montauban vient relever de sa présence les fêtes de notre diocèse dans

.equel Sa Grandeur compte plusieurs membres de sa famille ; demain dimanche, Mgr Fiard préside au Petit Séminaire de Beaucaire la cérémonie de la première communion à laquelle prennent part deux de ses petits neveux.

S. G. Monseigneur THEURET

Evêque de Monaco

Mgr Theuret (Charles-François-Bonaventure) naquit à Vars (Haute-Saône), diocèse de Besançon, le 26 mars 1822. Il fut un élève brillant du Petit Séminaire de Luxeuil et quand il eut été ordonné prêtre, il fut nommé professeur au collège catholique de Besançon dont Mgr Besson était supérieur.

Appelé en qualité de précepteur auprès du prince Albert 1er, de Monaco, Mgr Theuret fut nommé prélat de Sa Sainteté et protonotaire apostolique. Enfin sacré à Rome avec le titre d'évêque *in partibus* d'Hermopolis, il remplit la charge d'administrateur spirituel de la principauté de Monaco.

Sa tâche n'etait pas finie : usant de son légitime crédit auprès du prince dont il sut gagner l'estime et la confiance, il couvrit le sol des Grimaldi de monuments impérissables et parvint, en 1888, à faire ériger canoniquement le diocèse de Monaco dont il fut le titulaire. Mgr Theuret est grand aumônier du prince, comte romain, assistant au trône pontifical.

On doit à son zèle et à son activité la construction des églises Saint-Charles, Sainte-Devote et surtout de la Cathédrale qui est un monument d'une richesse remarquable. Mgr Theuret a fondé aussi un collège catholique français dont la direction fut confiée aux religieux Marianites qui dirigent aussi à Paris le collège Stanislas.

Mgr Theuret est titulaire d'un évêché dépendant uniquement du Pape, mais il est resté toujours Français et très attaché au sol natal. Sa Grandeur était très liée avec Mgr Bresson qui lui a fait aimer le diocèse de Nimes et ces bons rapports se continuent encore avec Mgr Béguinot, qui a été heureux de ce Triduum pour appeler auprès de lui Mgr l'Evêque de Monaco, et lui témoigner sa gratitude pour l'affectueuse hospitalité qu'il en avait reçu, lors de son récent voyage à Rome. Mgr Theuret, à Nimes, fut toujours l'hôte de la Communauté des Sœurs de Besançon dont il avait appelé quelques membres à Monaco.

Mgr Theuret célébra, il y a deux ans, les noces d'or de son

sacerdoce ; ces fêtes solennelles eurent surtout l'avantage de lui prouver combien la Principauté savait reconnaître ses mérites et ses œuvres.

S. G. Mgr PASCAL

Evêque titulaire de Mosynopolis

Mgr Pascal appartient à la Société des Oblats de Marie ; il est né en 1834 ; nommé, il y a quelques années, évêque titulaire de Mosynopolis, il fut placé à la tête du vicariat apostolique de Saskatchewan (Canada) province de Saint Boniface.

S. G. Monseigneur GERMAIN

Evêque de Rodez

Mgr GERMAIN (Jean-Augustin) est né à Beaucaire le 12 février 1839. D'abord élève du Petit-Séminaire, il alla à Saint-Chamond, au collège des Pères Maristes, terminer ses études littéraires : il revint à Nimes, en 1858, suivre, au Grand-Séminaire les cours de théologie.

Ordonné prêtre le 21 mars 1863, il fut nommé vicaire à Sainte-Perpétue et bientôt après, au même titre, à la cathédrale. Après avoir rempli plusieurs postes de succursaliste et d'aumônier, il fut le 12 avril 1885 installé curé de l'importante paroisse de Saint-Baudile, à Nimes, qu'il a administrée pendant douze ans.

Un décret du 14 avril 1897 nomma Mgr Germain, évêque de Rodez ; préconisé le 19 avril suivant, il était sacré le 10 août dans l'église cathédrale de Nimes, par Mgr Béguinot et faisait son entrée solennelle dans son diocèse le 31 août.

Son épiscopat s'est ouvert sous les meilleurs augures ; le magnifique pèlerinage qu'il a conduit à Lourdes à la fin du mois du mai et qui était composé de 300 prêtres et de plus de huit mille de ses diocésains, répartis dans 15 trains, est le meilleur témoignage de la sympathie que les heureux débuts de son ministère ont su lui mériter.

S. G. Monseigneur HAZÉRA

Evêque de Digne

Né en 1837 à Adenzac (Gironde) et ordonné prêtre en 1862, après de brillantes études au Petit et au Grand Séminaire de Bordeaux, Mgr Hazéra fut tour à tour professeur d'histoire au collège de Bazas, vicaire à Saint-Louis, l'une des paroisses les plus importantes de la ville archiépiscopale, curé-doyen d'Ambarès, enfin, depuis 1891 curé de Sainte-Marie de la Bastide et chanoine honoraire.

De taille moyenne, la physionomie très intelligente, l'air très affable, Mgr Hazéra, littérateur et écrivain de beaucoup de talent, travailleur obstiné, était une des plus belles intelligences du clergé bordelais. C'est un esprit large, très conciliant dans la pratique mais inflexible sur les principes.

Possédant à un degré élevé toutes les qualités administratives indispensables à un évêque, il a eu l'occasion de donner à cet égard sa mesure, au cours des dix-huit années qu'il passa à la paroisse de Saint-Louis de Bordeaux : simple vicaire en titre. il y remplit en réalité les fonctions pastorales pendant une longue maladie de son curé qu'il suppléa avec le zèle le plus éclairé.

Nommé évêque de Digne par décret du 14 avril 1897, Mgr Hazéra fut préconisé dans le consistoire du 19 du même mois et sacré à Digne.

S. G. Monseigneur BÉGUINOT
Évêque de Nimes

Après avoir présenté à nos lecteurs les éminents et vénérables prélats qui viennent nous honorer de l'éclat de leur présence, il ne nous reste qu'à saluer Mgr l'évêque de Nimes qui a pris l'initiative de ces grandes solennités et qui prépare à ces hôtes illustres une hospitalité digne de son grand cœur et de leur rang,

Nous devons lui témoigner notre reconnaissance pour la solennité qu'il a bien voulu donner aux fêtes du Onzième Centenaire de N.-D. de Rochefort et pour l'exemple de piété et de dévotion qu'il offre à son diocèse et à la France envers Notre-Dame-de-Grâce !

Daigne l'Auguste Vierge récompenser dignement son zélé serviteur, lui obtenir de longs jours avec tous les bienfaits d'un heureux et fécond épiscopat !

Les Révérendissimes Abbés mitrés

Le R. Dom COLOMBAN, abbé de Notre-Dame de Lérins (Var), diocèse de Fréjus. L'abbaye de Notre-Dame de Lérins situé dans l'ile S. Honorat, abbaye de réligieux bénédictins, compte une soixantaine de moines dont 26 religieux de chœur. A côté du monastère se trouve un orphelinat de 30 enfants dirigé par les religieux, qui s'occupent aussi de travaux d'imprimerie.

Le R. Dom Colomban est né en 1848 ; il est le vrai restaurateur du monastère célèbre qui fut appelé autrefois un « séminaire d'évêques. » Dom Colomban a été élu abbé de Lérins il y a environ cinq ans. Mgr l'Evêque visita ce monastère lors de son récent voyage à Rome.

R. Dom MARIE, abbé de la Trappe de Notre-Dame d'Aiguebelle est né à Sommières en 1846 Elève du collége Saint-Stanislas, il se distingua non moins par ses aptitudes et son talent que par sa piété, sa modestie et sa régularité. Reçu bachelier ès-lettres, il entra au Grand Séminaire, mais après dix-huit mois d'études théologiques, se sentant appelé à la vie religieuse, il quitta le diocèse et commença son noviciat à la Trappe de Notre-Dame d'Aiguebelle. (Religieux trappistes des Cisterciens réformés).

Après quelques années de profession, il fut chargé de l'importante fonction de Maître de Novices : puis envoyé comme aumônier dans un monastère de Trappistines.

Il remplissait cette charge quand, il a dix ans, les suffrages de ses confrères vinrent l'en arracher pour l'élever à la dignité d'abbé.

Dom Marie fut béni à Viviers par Mgr Bonnet.

Il y a cinq ans le R. Dom Abric recevait à son monastère d'Aiguebelle tous ses condisciples de classe pour célébrer avec eux les noces d'argent de leur sacerdoce.

Dom MARTIN, né à Saint-Julien de Cassagnas, près de St-Ambroix, en 1856, fut élu abbé en 1886, à peine âgé de 30 ans.

Dom Martin fut l'un des premiers élèves — et des plus brillants — de l'école monacale, fondée à N.-D. des Neiges par Dom Polycarpe, premier abbé fondateur de cette abbaye. Reçu bachelier ès-lettres et ès-sciences, au sortir de la rhétorique, il fut envoyé pendant deux années à l'écoles des hautes études des Carmes (Paris), pour la licence des sciences mathématiques.

Rentré à N.-D. des Neiges après les *Décrets*, il devint bientôt maître des novices, et c'est pendant qu'il remplissait cette délicate et si difficile fonction qu'il fut élu à la dignité d'abbé de N.-D. des Neiges à la suite de la démission de Dom Polycarpe. Son frère aîné est abbé de Staouéli.

R. Dom MARIE-LÉONCE, élu abbé de Sénanque, est né à Roquemaure en 1855. Il fit ses études d'humanités à Saint-Stanislas d'où il sortit, en 1864, pour aller à Sénanque, se mettre sous la direction du R. P. Jean.

Lorsque le R. P. Jean fut élu abbé de Font-Froide, le disciple suivit le maître et le P. Marie-Léonce fut nommé procureur de ce monastère.

Il vient maintenant par son élection d'être rappelé à Sénanque. La cérémonie de sa bénédiction abbatiale aura lieu prochainement et sera présidée par Mgr l'Archevêque d'Avignon, qui a l'abbaye sous sa juridiction épiscopale.

Les Orateurs

Nous avons parlé de Mgr Hazéra et de Mgr de Cabrières qui doivent prendre la parole jeudi.

L'orateur de mardi matin, à la messe pontificale, est M. le Vicaire général d'Aix, M. le chanoine Guillibert, qui nous est connu ; il a prêché le dernier Carême à la Cathédrale et l'écho de sa savante parole est loin d'être affaibli ; nous serons heureux de l'entendre dans ces grandes fêtes où la gratitude de Monseigneur devait lui trouver une place.

— Le R. Gally, l'orateur des vêpres. mardi soir, est une des gloires de la Société de Marie : il convenait qu'en ce Triduum les Religieux Maristes, qui dirigent le sanctuaire de N.-D. de Rochefort, fussent représentés et eussent un principal rôle à remplir ; Mgr l'Evêque ne pouvait, pour réaliser cette délicate pensée, faire un meilleur choix.

— Mgr Dadolle est l'orateur du second jour, aux vêpres.

Mgr Dadolle, prélat de Sa Sainteté, est recteur des Facultés catholiques de Lyon. Sa réputation d'orateur est solidement établie ; nous n'en voulons pour preuve que la part considérable qu'il eut l'honneur de prendre aux fêtes de la consécration de N.-D. de Fourvières, il y a deux ans et auxquelles assistèrent 25 évêques: il prit place dans la chaire après Mgr l'Evêque de Laval et le R. P. Monsabré. Son remarquable discours en l'honneur de la Vierge eut le privilège d'être publié intégralement par la *Semaine Religieuse* de Lyon.

LE TRIDUUM

Nos fêtes sonf passées ; les vénérables évêques qui les avaient rehaussées de leur présence, les prêtres nombreux accourus pour y prendre part, la foule immense des fidèles qui s'est pressée pendant ces trois jours dans notre magnifique Cathédrale et qui, dans l'intervalle de nos cérémonies donnait aux rues de notre Cité une extraordinaire animation, ces grandes voix qui se sont fait entendre du haut de la chaire, ces chants si remarquables, si variés, exécutés si magistralemsnt, tout cela n'est plus qu'un souvenir, ajoutons aussitôt : un souvenir ineffaçable.

Non, nous n'oublierons jamais ce solennel spectacle que présentait, pendant ce Triduum, la Basilique ornée de sa riche et gracieuse parure, réunissant dans sa vaste nef et dans son sanctuaire une assistance compacte et recueillie, les prêtres du diocèse et des diocèses voisins, dix évêques, et quatre Abbés mitrés, ayant à leur tête l'Eminentissime Cardinal de Lyon ; au-dessus de bette immense assemblée, l'Auguste Vierge dominait. souriante, gracieuse, les regards ouverts sur nous, les mains laissant s'épancher ses bien aits ; elle était sur son trône comme la Reine de la Cité, recevant les hommages de ses enfants, leur prodiguant les témoignages de sa tendresse !

C'est une belle page que Nimes vient d'écrire dans son histoire, déjà si riche en glorieux évènements : elle figurera dignement à côté des fêtes mémorables de la Consécration de la Cathédrale : elle en paraît être la continuation, ou mieux, le couronnement.

En octobre 1882, c'était l'inauguration de la Cathédrale restaurée, une solennité en l'honneur du temple matériel rajeuni ; pendant le triduum de cette semaine, c'était l'exaltation de l'Auguste Vierge à laquelle ce temple est dédié, la glorification de l'Immaculée triomphante ; il y a seize ans, c'était l'Eglise qui répandait à flots ses bénédictions sur les murs et sur le sol de la Maison de Dieu ; hier, c'était Marie, pleine de grâces, qui, du haut du ciel, inondait de l'abondance de ses faveurs les cœurs de ses enfants implorant sa puissante intercession.

Essayons de raconter les principaux faits dont ces trois jours ont été remplis : l'impression vive, profonde, produite par ces solennités, restera au fond de chacune de nos âmes, mais il importe de fixer pour l'avenir les détails au moins les plus saillants et de refaire en quelque sorte, jour par jour et heure par heure, la longue trame de ces actes incomparables dont s'est formé ce Triduum en l'honneur de Marie.

La Basilique Cathédrale

Les derniers ornements ajoutés à la décoration de la Cathédrale, telle que nous l'avions décrite encore inachevée, ont mis le sceau à cette œuvre magistralement conçue et habilement exécutée. Ce qui est surtout digne de remarque, c'est que le plan de cette belle ornementation est d'un ensemble parfait, et en harmonie avec le style du monument. On y reconnaît la main dn Maître, de l'architecte qui a transformé notre Basilique et, en triomphant des plus grosses difficultés en a fait un vrai bijou ; s'inspirant de la pensée, de l'idéal de Mgr l'évêque, heureusement compris et secondé par M. Gueit, M. Révoil a revêtu les parois de la nef, les arcades des chapelles et le sanctuaire de la parure qui convenait soit au genre de l'édifice, soit à la solennité qui allait y être célébrée.

Nous avons entendu dire que la décoration aurait pu avoir un caractère encore plus imposant, surtout plus grandiose, répondant avec plus de fidélité à l'ampleur du vaisseau et aux lignes majestueuses de son architecture. La critique pourrait être fondée s'il ne fallait considérer que le monument à embellir mais l'objet principal de la décoration était la glorification de la Vierge Marie, et c'était surtout de cette pensée qu'il fallait s'inspirer. Combien heureusement on y a obéi ! Voilà que la majestueuse cathédrale, oubliant pour ainsi dire ses grandeurs, a consenti à revêtir la robe fleurie des fiançailles ; grave, solennelle, elle s'est faite souriante, presque coquette ; elle semble rappeler le printemps, où la nature s'enrichit de toutes ses fleurs ; elle nous montre les roses blanches et roses s'épanouissant, pour ainsi dire, sous les pas de Marie qui les effleure et savoure leur doux parfum.

La rose, c'est l'emblême de Marie, la rose naturelle, sans doute, mais aussi cette rose mystique et céleste qu'Elle même est venue nous apporter sur terre, cette prière que Marie a daigné enseigner à saint Dominique et qu'elle lui a appris à

« effeuiller » à ses pieds : le « Rosaire », ainsi appelé parce qu'il est une couronue de roses que nous offrons à notre Mère. S'il faut en croire un curieux et patient statisticien, le nombre des roses dans l'ornementation de la Cathédrale s'élèverait à six ou sept mille. Quel travail, quelle patience suppose ce chiffre ! Que de mains dévouées ont dû s'unir pour couper ces innombrables petites feuilles pour pétales, les rattacher l'une à l'autre, composer et arrondir la fleur, puis l'assortir de feuilles vertes, l'unir à d'autres fleurs pour allonger la guirlande ; labeur minutieux qui a dû réclamer de bien longues heures ! Mais pour diriger et encourager ces habiles et dévouées fleuristes, se trouvait là, dès la première heure du jour, celle qui était l'âme de cet atelier modèle, la digne coopératrice de l'Evêque dans le plan de cette décoration : toujours jeune, toujours vaillante, la première au travail et d'une incessante activité. Daigne Marie la récompenser, et récompenser avec elle ses fidèles ouvrières, de leur long et généreux labeur !

Nous avons dit : six ou sept mille roses. Ce chiffre représente un nombre prodigieux de rosaires dont chaque grain était figuré par une rose, et ces rosaires, la Basilique les offrait à Marie en ces jours de fête comme l'hommage de sa piété filiale et de son impérissable gratitude. La Cathédrale avait donc l'ornementation, et la seule qui lui convint en cette circonstance : elle était le « Rosaire » de Marie : c'était la Cathédrale rosariée !

A-t-on aussi assez remarqué la forme que prenaient à chacune des arcades les guirlandes élégantes qui se développaient sous les écussons des armoiries épiscopales ? Cette forme un peu élastique, il est vrai, était celle de la lettre M dont les lignes intérieures s'arrondissaient tandis que les extérieures étaient largement évasées et comme fuyantes pour s'arrêter à la naissance de l'arcade : agencement ingénieux qui permettait à la guirlande de roses, en prenant le dessein d'une draperie gracieuse, de rappeler et de clamer partout le nom de Marie.

Entrons dans quuelques détails. Au fond de l'abside du sanctuaire, l'arcade médiale porte un cartouche aux armes de la Cathédrale : une croix à 4 branches égales, ombragée par le pavillon de la Basilique ; du sommet de l'arcade de droite rend l'écusson pontifical, faisant face à l'écusson de -Mgr l'E

vêque de Nimes suspendu a l'arcade de gauche. Puis se suc-
cèdent, en alternant à droite et à gauche aux arcades du
sanctuaire et de la nef, au nombre de seize, les écussons des
Evêques invités à la cérémonie.

Chacun des écussons est encadré dans une couronne ovale
de roses, des guirlandes formant draperie, tout au tour et au
dessous des armoiries, se développant dans chacune des arcades avec une parfaite régularité et une symétrie absolue.
Cette main-d'œuvre, très difficile et très délicate, a été accom-
plie avec le soin le plus munitieux et fait surtout le plus grand
honneur à nos intelligents et dévoués ouvriers. Ajoutons que
dans six arcades du sanctuaire, trois à droite et trois à gauche,
les lampes électriques dissimulées au milieu des roses des
guirlandes, produisaient le soir aux vêpres le plus brillant
effet en mettant plus en relief chacune de ces fleurs qu'elles
éclairaient de leur éblouissannte lumière. C'était vraiment
féérique.

Signalons en outre dans le sanctuaire contre la paroi qui
sépare les arcades et les tribunes. de chaque travée, trois gracieux pendentifs qui remplissent et ornent ce vide.

Enfin sous la grande arcade qui supporte les orgues, ont été
placés avec les couronnes et les guirlandes du même style
trois cartouches aux armes des trois évêchés qui forment
l'évêché actuel de Nimes : les armes de Nimes, d'Uzès et
Alais.

A cette première ornementation viennent s'ajouter de longues et larges oriflammes, d'au moins quatre mètres de hauteur sur un de largeur, recouvrant les piliers qui séparent les
arcades en retombant de la hauteur des tribunes sur les chapiteaux des principales colonnes inférieures : les oriflammes
du fond de l'abside sont rouge-ponceau et portent avec un se-
mis de fleurs le monogramme de Notre-Seigneur ; elles font
pendant aux deux oriflammes violettes du fond de l'église
portant le même motif. Les unes et les autres sont reliées par
des oriflammes vertes, blanches, jaunes, les unes brodées, les
autres peintes, celles-ci avec le monogramme de Marie, celles-
là avec de belles tiges de lys : travail vraiment remarquable
que des mains aussi habiles que pieuses ont su, malgré ses difficultés, mener à bonne fin pour la gloire de notre auguste
Reine: nous devons ajouter que le succès a dignement cou-
ronné leurs efforts. Ces œuvres ne sont pas signées, mais le

Seigneur qui voit dans le secret connaît ces noms que leur modestie nous dérobe : il saura donner à sa Mère de quoi reconnaître tant de dèvouement.

Dans ce riche cadre vient se placer d'abord l'autel monumental qui n'est d'ailleurs que le prolongement, pour la hauteur et la largeur, du maitre-autel ordinaire : le dessin rappelle le motif général de ce maître-autel ; il s'élève et s'élargit avec des arcades artistiques, dégagé, svelte, semblant ne former qu'un seul et même autel. La Vierge domine : c'est la statue de l'Immaculée, ouvrant largement ses mains sur nos têtes, revêtue de sa robe blanche parsemée de fleurs d'or et de son manteau d'azur ; une grande auréole couronne sa tête de douze lampes électriques rappelant les douze étoiles figuratives de ses vertus : Marie est là, sur son trône embaumé de fleurs et rayonnant de lumière : elle est bien la Souveraine, digne de nos hommages et de nos prières.

Au dessus du socle est peint le monogramme de la Vierge et sur le piédestal ont été placés les écussons aux armes de Nimes, Uzès et Alais rappelant à tous les regards que le diocèse tout entier était en ce jour aux pieds de Marie.

A droite et à gauche de Notre-Dame, deux Anges figurant la cour céleste qui elle aussi tient à venir joindre ses hommages aux nôtres pour la gloire de Celle qui est aussi sa Reine.

Plus bas, à l'extrémité angulaire de droite et de gauche du gradin médial de l'autel flottent deux bannières d'une grande richesse, brodées or et peintes : l'une représente la Vierge des douleurs adossées à une croix dont l'extrémité supérieure dépasse sa tête et elle porte cette inscription: *Virgo consolatrix*; l'autre figure le Sauveur, ayant la tête entourée de rayons et nous montrant son cœur ; au-dessus, la devise : *Adveniat regnum tuum*. Cette double peinture est un travail remarquabe: la physionomie de la Vierge, ses yeux surtout regardant le ciel trahissent l'affliction la plus profonde de son cœnr s'unissant à la résignation la plus courageuse ; la broderie est un vrai chef-d'œuvre.

La décoration de l'autel était achevée par des guirlandes de roses ornant les arcs et s'enroulant autour des colonnettes: pour dissimuler les ouvertures des arcs apparaissaient de nombreux arbustes, de hauts palmiers aux branches larges et étendues qui comblaient les vides et contribuaient encore à l'effet du décor par leur luxuriante verdure. Du haut de la voûté, pendaient trois oriflammes flottantes, aux monogrammes du Christ et de sa Mère, servant de dôme brisé comme pour recouvrir et ombrager l'autel. Deux grands jlustres en cristal, encadrant l'autel devant et derrière, tombaient aussi de la hauteur de la voûte pour compléter l'illumination.

A droite, du côté de l'Evangile et dans la travée qui précède la Sainte Table, se dressait le trône de Mgr l'Evêque du diocèse qui a servi à l'Evêque officiant à la messe et aux vêpres pontificales ; le baldaquin à angles droits était richement recouvert sur ses côtés par de larges bandes draps d'or avec franges et broderies or en bosse ; le fond sur lequel se détachaient les armes de Mgr Béguinot était formé d'une de ces remarquables tentures qui sont la spécialité reconnue de la Maison Bertrand-Boulla ; elle était gracieusement relevée de chaque côté et figurait la plus élégante draperie. Le fauteuil était celui-là même qu'occupe habituellement Mgr l'Evêque.

De l'autre coté, à gauche, mais contre le pilier le plus rapproché de l'autel, se trouvait le trône de S. E. le Cardinal archevêque de Lyon : même style que le précédent, mais les pendentifs du baldaquin, sur fond cramoisi, étaient enrichis de magnifiques broderies or, dont la principale représentait l'Agneau de Dieu s'immolant sur un autel. Des tentures de la Maison Bertrand-Boulla formaient encore le fonds de ce trône, orné des armes de Son Eminence. Pour siège, avait été placé le fauteuil vraiment épiscopal offert, il y a dix-huit mois, à Mgr l'Evêque par la paroisse Saint-Paul.

Entre ce trône et la Sainte-Table, Nosseigneurs les archevêques et évêques, ainsi que les Révérendissimes Abbés mitrés occupaient avec leurs chanoines assistants, les fauteuils disposés sur une double estrade. Au dessus derrière la grille du chœur et montant en amphithéâtre jusque contre le mur principal de l'église, se trouvait la vaste estrade à six rangs où avaient pris place les dignitaires du clergé et les prêtres de la ville et du diocèse.

Les places réservées et payantes ainsi que toutes les chaises abonnées s'étendaient de la Sainte Table jusqu'à la chapelle de Lourdes, toutes occupées et protégées paa des barrières au-delà desquelles une foule compacte se pressait, remplissant le grand espace laissé par la bienveillance de Mgr l'Evêque à la libre disposition du premier occupant. Aux tribunes de la nef comme à celles du sanctuaire, pas une seule place

vide : ces rangs pressés qui surplombaient dans la nef ajou-
taient encore au bel effet de la décoration.

Aussi quelle belle et solennelle assemblée dans cette vaste
enceinte si harmonieusemens décorée ! Ce magnifique spectacle était un hommage digne de Marie ; ce tableau vivant, mais
silencieux, était à lui seul, comme un hymne chanté à la
gloire de Notre-Dame de Grâces qui remplissait tout de ses
symboles, de son nom, de sa pensée et aussi de son amour.

C'est là, dans cette Cathédrale transfigurée, que nous allons
suivre, jour par jour, et pour ainsi dire heure par heure, les
diverses cérémonies du Triduum ; nous voulons être, pour répondre aux vœux de nos lecteurs, aussi complets que possi-
ble.

La veille et le premier jour

Lundi soir, la décoration de la Cathedrale s'achevait, mais la foule impatiente n'avait pas voulu attendre la fin et pénétrait, avide de voir, dans l'intérieur de l'église et même jusqn'au sanctuaire ; le défllé n'a pas cessé un seul instant de la journée, mais, le soir, les groupes étaient si nombreux que la circulation avait peine à être libre. On voulait se rendre compte des moindres détails ! on s'interrogeait discrètement, on se communiquait ses impressions et on se retirait ravi de ces magnifiques préparatifs qui annonçaient des fêtes plus magnifiques encore

La plupart de Nosseigneurs les Evêques arrivaient ce jour-là même et après être allés saluer notre Evêque et visiter la Cathédrale se rendaient dans les maisons religieuses qui leur offraient l'hospitalité.

A six heures du soir, toutes les cloches de la Cathédrale mises en branle annonçaient à toute la ville l'ouverture du Triduum : cette sonnerie solennelle préludait ainsi à la joie du lendemain ; c'était l'avertissement officiel qué l'Eglise-Cathédrale donnait à la cité pour lui annoncer que l'heure si impatiemment attendue de nos fêtes était enfin arrivée et que nous allions bientôt voir briller, avec l'aube du premier jour, cette «Etoile du matin» dont l'éclat joyeux et les divines ardeurs devaient présider aux solennités du Triduum.

— Le premier jour se lève ; le son des cloches le salue et Nimes se réveille dans la joie.

Le temps est beau ; le soleil apparait sur un ciel d'azur et nous restera fidèle, mais ses ardeurs seront bien tempérées par la brise qui souffle et agite nos oriflammes.

Sept heures ont à peine sonné, et déjà la Cathédrale voit affluer les fidèles qui viennent assister à la première messe du Tridunm. A sept heures et demie Mgr Theuret, évêque de Monaco, monte à l'autel, assisté de son vicaire général et de M. le chanoine Crouzet. Le chœur des Orphelines de Saint-Vincent de Paul, accompagnées sur l'harmouium par l'une d'entre elles, chante ses plus beaux cantiques : Celui de l'Apparition ; puis : Triomphe du Sacré-Cœar (paroles de M. l'abbé Ballivet, musique de M. Claude Lèque) ; il est là sur l'antel ; Jésus caché sous l'hostie blanche ; Apparition de la

Vierge miraculeuse, etc. Les communions sont très nombreuses.

— Neuf heures sonnent : les grandes portes de la Cathédrale
s'ouvrent de nouveau et la foule envahit la nef, tandis que
les places réservées, par la porte de la rue Saint-Castor, sont
peu à peu occupées. Le service d'ordre, fait par les suisses de
nos diverses paroisses et plusieurs agents de ville dont on a
réclamé le concours et sous la direction du clergé paroissial,
ne laisse rien à désirer : point d'encombrement ni de confu-
sion ; les flots de la foule sont contenus avec force mais sans
violence.

A dix heures précises, le cortège sort de la sacristie et tra-
verse les rangs pressés des fidèles dans la nef pour se rendre
à l'évêché : la place de la Cathédrale est littéralement envahie : toutes les voitures ou charettes qui essaient de passer
sont requises par la foule et lui servent d'estrade.

La porte de l'évêché est dérorée avec goût de tentures rou-
ges, faisant pendants à celle de la grande porte de la Cathédrale : ici et là, elles sont dominées par des frontons coloriés
sur lesquelles se détachent les cartouches aux symboles de
Marie et aux armes du Pape et de l'Evêque de Nîmes ; celui
de l'évêché avec cette double inscription : *Regina Virginum*
et : *Notre-Dame de Rochefort, priez pour nous* : le drapeau
national flotte au-dessus. La cour d'honneur de l'Evêché
est ornée de bigues portant des oriflammes aux diverses
couleurs ; les orangers et les autres arbustes, un peu étonnés
pe porter des fleurs qui ne sont pas à eux, se prêtent volontiers
à favoriser l'illusion et complètent le décor. Sur le balcon qui
domine le perron figure à la place d'honneur un beau et grand
portrait, grandeur naturelle, de Léon XIII ; assis et portant
sa tiare : au-dessus on lit ces mots : *Confirma fratres tuos* ; il
est orné d'un cadre de blanches roses.

Nosseigneurs apparaissent, couverts de la mitre et portant
en main leur bâton pastoral. Voici l'ordre du défilé : la croix
du vénérable Chapître assistée de deux acolytes ; les élèvesde
la maîtrise épiscopale ; un grand nombre de prêtres ; MM. les
directeurs du Grand-Séminaire et curés-doyens, MM. les
chanoines de tous ordres ; les révérendissimes abbés de Lérins
et de N.-D. des Neiges, accompagnés d'un de leur religieux ;
Mgr l'Evêque de Montauban et M. le chanoine Delfour ; Mgr
l'Evêque de Monaco et M. le chanoine Crouzet ; Mgr l'Evêque

de Montpellier et M. le chanoine Contestin ; Mgr l'Evêque de Nimes et M. le vicaire-général Teissier, doyen du Chapître.

M. le vicaire-général Goiffon, en chape, prêtre assistant ; MM. les chanoines Julien et du Cnrel, diacre et sous-diacre ; MM. les chanoines Dubois et Salaville, diacres d'honneur ; MM. Valdeiron et F. Durand, prêtres parés ; enfin l'Evêque officiant, Mgr Germain, que suivent les porte-insignes, six jeunes clercs du Grand-Séminaire. M. le chanoine Tastevin M. Vigouroux sont maîtres de cérémonie.

L'entrée dans la Cathédrale s'accomplit, tandis que le gros bourdon jette dans les airs ses notes graves et solennelles ; les grandes orgues font retentir les voûtes de leurs sons les plus joyeux.

Les chantres entonnent l'Introït de la messe votive de la Vierge : *Salve, Sancta Parens ;* ils donnent ainsi le premier salut à l'Immaculée qui est l'objet de ces fêtes.

Que dire de l'exécution par la maîtrise épiscopale des différents morceaux de cette messe, du *Kyrie* et du *Gloria* de Niedermeyer ; du *Sanctus* et de l'*Agnus* de Gounod (messe de Sainte-Cécile) ? Sous la direction magistrale de M. Bellivier, maître de chapelle, et de M. Martin, son digne auxiliaire, l'interprétation de ces œuvres de maître est d'une rare perfection. La maîtrise n'en est plus à faire ses preuves, mais elle progresse encore de jour en jour ; son ambition est de se montrer de plus en plus digne de la tâche qui lui a été confiée et de la juste réputation qu'elle s'est acquise. Rendons aussi hommage à notre éminent organste, M. Bonnet, pour les morceaux qu'il a exécutés avec l'art et le talent qui le distinguent.

A l'Evangile, M. le vicaire-général Guillibert monte en chaire. Saisi par la vue de cet imposant auditoire, il se plaît à reconnaître les beautés et les richesses dont la Cathédrale est ornée : elle est comme revêtue de roses et l'autel qui porte à son sommet la statue de Marie est le trône le plus majestueux ; il donne de légitimes éloges à tous ceux qui ont coopéré à ces prodigieux préparatifs dont il essaie de donner une idée en disant que le nombre seul des roses s'élève jusqu'à sept mille ; il loue spécialement le Pontife de l'Eglise de Nimes, à qui revient la plus grande part dans la préparation de ces solennités : c'est sa dévotion à Marie qui a inspiré à Mgr Béguinot la pensée de la célébration de ce Centenaire si glorieux pour

Notre-Dame ; sa vie est un hymne à l'Auguste Vierge dont il s'efforce de reproduire les vertus. Les Apôtres dirent un jour au Maître : Montrez-nous votre Père et cela suffit. Les fils de l'Eglise de Nimes semblent aussi avoir dit à leur Evêque : Montrez-nous votre Mère, et cela nous suffit. L'Evêque aurait pu leur répondre : *Qui videt me videt et Matrem.*

La part faite à ce qui est extérieur, l'orateur arrive à ce qu'il appelle le programme spirituel, ou le but idéal de cette solennité et il veut nous dire, succinctement, d'abord quelle est la signfiication de ce Triduum, ensuite avec quelles dispositions nous en devons suivre les pieux exercices.

Le but ou la portée de ces fêtes est la glorification de Dieu par l'exaltation de Marie. Au milieu de notre néant et de nos misères, nous trouvons une créature que Dieu a enrichie de ses dons, qu'il a élevée jusqu'à la dignité de Mère du Verbe ; nous la prenons, nous lui dressons un trône pour reconnaître ses grandeurs et aussi pour offrir à Dieu par son intermédiaire, nos hommages et nos adorations. Cette créature privilégiée est, après son divin Fils et sans nuire à l'unité du rôle de médiateur qui appartient à Jésus-Christ, notre second médiateur entre Dieu et les hommes. Au commencement Dieu avait dit : Il n'est pas bon que l'homme soit seul, et il lui avait donné Eve ; de même pour l'œuvre de l'Incarnation : Dieu n'a pas voulu que son Fils fût seul a l'accomplir et il lui a donné une Mère qu'il a daigné admettre comme coopératrice à ce grand œuvre, qu'il a constituée comme la Co-Rédemptrice des hommes.

Qu'on ne nous accuse pas de faire de Marie une idole. Une idole ! Une mère ! Non, Marie est pour nous aujourd'hui ce qu'elle fut toujours, ce qu'elle a été à Bethléem. La Mère de Dieu est associée à l'œuvre de l'Incarnation ; à lui reconaître ce titre, elle a droit à tous les hommages qui lui sont rendus comme à la créature la plus privilégiée. Marie reste toujours notre Mère, notre Reine ; elle est la victorieuse puisqu'elle a détruit toutes les hérésies : *cunctas hæreses sola interemisti.* Victorieuse de tous les ennemis, de quelque nom qu'ils s'appellent Sarrasins, Vandales, Musulmans ; elle est sur son trône de Rochefort comme une sentinelle pour avertir du danger, comme un Palladium pour prévenir les attaques et mettre à l'abri ses enfants ; Notre-Dame de la Victoire nous a prodigué à travers les siècles les bienfaits de sa puissante intercession et aujourd'hui en exaltant Marie qui est le chef-d'œuvre de la droite de Dieu, c'est le Seigneur que nous glorifions dans ses œuvres.

Un mot seulement sur les dispositions que nous devons avoir pour célébrer ce triduum. Le premier jour sera consacré à l'action de grâces pour les bienfaits reçus et qui tournent à la gloire de Dieu, comme nous chantions tout à l'heure : *Gratias agimus tibi propter magnam gloriam tuam.* Le second jour nous pratiquerons l'humilité, la meilleure disposition pour plaire à Dieu et attirer ses grâces : il a choisi ce qui est faible pour confondre ce qui est fort ; parce qu'il a regardé l'humilité de Marie, il a fait en elle de grandes choses. Enfin au troisième jour appartient la confiance : Marie continuera à veiller sur nous, si nous l'invoquons avec la même piété ; elle laissera couler de ses hauteurs célestes les eaux bienfaisantes qui arrosent les montagnes et les vallées : *Rigans montes de superioribus suis.*

Ce n'est que le cadre, le sommaire de cette remarquable allocution prononcée d'une voix forte et vibrante, écrite dans le meilleur style litéraire, riche de développements philosophiques et historiques : un intéressant résumé de la doctrine et de nos annales locales, ne traçant toutefois que les grandes lignes de cette épopée merveilleuse qui se déroule, à travers mille péripéties, depuis onze siècles et qui doit se continuer encore pour la gloire de Dieu et pour notre consolation.

La messe solennelle terminée, le cortège s'est reformé et a reconduit à l'Evêché Nosseigneurs les Evêques.

— Du Palais épiscopal les vénérés prélats se sont dirigés vers le Grand-Séminaire où Mgr l'Évêque de Nimes leur offrait, pour ce premier jour, une fraternelle hospitalité : la pensée de notre bien aimé Pasteur, en choisissant ce local qui était disposé avec le meilleur goût, avait été de faciliter à un plus grand nombre d'invités la faveur de se grouper autour de Nosseigneurs les évêques. Le but a été atteint, à la satisfaction de tous, et au-delà puisque, en outre des invités officiels, plus de 50 ecclésiastiques sont venus demander à prendre place aux tables réservées aux convives volontaires et sont restés ensuite pendant le triduum les hôtes très sympathiques du Séminaire.

— A deux heures, la Cathédrale était tout entière aux en-

fants de nos écoles chrétiennes : elle ne paraissait pas trop
grande et c'était un spectacle d'un genre spécial qui offrait le
plus vif intérêt. Nos chers petits chantaient à l'unisson de
leur voix fraîches et perçantes des cantiques pleins d'à-pro-
pos : Nous voulons Dieu ! — Mère, vous oublier, jamais ! etc.
La cérémonie s'est composée de la récitation de deux dizaines
de chapelet à laquelle présidait M. l'archiprêtre et d'une
courte allocution que le révérendissime Dom Martin, de N.-
D. des Neiges, a bien voulu adresser à son auditoire très
attentif et très recueilli. Du haut de la chaire, le saint religieux a traité devant ces chers enfants d'un sujet qui pouvait
paraître devoir les effrayer un peu mais qui a su les inté-
resser et les captiver : l'esprit de sacrifice ; il leur a dit
combien il était nécessaire, quelle énergie il réclamait, quel
moyen devait nous le faire acquérir.

Il y a bien dans la vie quelques joies, mais pour goûter ces
douceurs il faut l'esprit de sacrifice ; une seule voie conduit
au bonheur, celle que le Seigneur nous a indiquée en nous
invitant à le suivre portant sa croix. *Si quis vult venire post me
tollat crucem suam.* D'ailleurs toute la vie de la Sainte Vierge
a été une vie de sacrifice, à Bethléem, sur le chemin de l'Egypte
et en exil, dans l'intérieur de son modeste foyer ; quand Jésus
prêche et fait des miracles, Marie ne paraît pas pour avoir
part à sa gloire : elle ne se montre qu'à l'heure de la Passion
pour souffrir encore ; enfin elle consent à rester séparée de
Jésus, après l'Ascension, pour assister l'Eglise naissante et
former les apôtres.

L'énergie est nécessaire pour pratiquer l'esprit de sacrifice
car il faut être prêt à renoncer à toutes les satisfactions ; il
faut savoir tout sacrifier pour sauver sa foi. On est fidèle tant
qu'on va à l'école ; puis à 15 ans, à 18 ans, on croit pouvoir
secouer le joug et s'émanciper ; que d'enfants se perdent
ainsi faute de fidélité et d'énergie ! L'exemple de Tarcicius
vient à propos pour édifier et encourager ces jeunes âmes aujourd'hui si bien disposées. Il faut aussi de l'énergie pour lutter
contre nous-mêmes, contre nos passions et ici apparaissent
encore nos modèles parmi lesquels les saints du diocèse : S.
Baudile, S. Vérédème, S. Gilles, etc.

Mais comment avoir cette énergie, comment acquérir l'esprit de sacrifice ? Par l'habitude. Un petit sacrifice chaque
jour et bientôt l'habitude est acquise : un sacrifice, comme

celui d'obéir, malgré la peine que l'obéissance peut coûter ; comme d'éviter une parole fâcheuse à un camarade, comme une petite mortification pour faire l'aumône, etc. Légende de deux petits moines qui partageaient leur modeste pain du goûter avec Notre Seigneur et que Jésus récompensa si largement de lenr générosité.

Il faut imiter ces petits enfants si mortifiés, si charitables et Dieu récompensera libéralement les moindres sacrifices.

La bénédiction du Saint-Sacrement termine cette touchante cerémonie à laquelle Sa Grandeur, malgré ses absorbantes préoccupations, voulut prendre part. Entrant par la chapelle de l'Evêché, au moment où l'orateur descendait de chaire, Mgr l'Evêque traversa les rangs, d'un bout à l'autre de la Cathédrale, bénissant avec une complaisance toute paternelle ces chers Enfants auxquels sa bonté avait tenu à consacrer, dans ce Triduum, un exercice spécial.

— A la même heure, Nosseigneurs les Evêques, suivis d'un nombreux clergé, étaient solennellement reçus au Collège St-Stanislas. A leur entrée dans la galerie d'été, ornée avec goût de tentures et de fleurs, par les soins de M. le chanoine Damour, la fanfare fait entendre ses accents guerriers, le drapeau de la légion Jeanne d'Arc s'incline ; les vivats et les applaudissements éclatent dans les rangs des élèves massés autour de l'estrade sur laquelle leurs Grandeurs prennent olace. Un orchestre de choix fait bientôt entendre ses notes harmonieuses et un chœur d'élèves exécute, avec un succès justement applaudi, une cantate composée pour la circonstance. Après la musique et le chant, voici l'éloquence qui, dans un pareil milieu, vient naturellement s'associer à cette fête intime. Un élève de philosophie complimente Nosseigneurs les Evêques et salue leur présence dans une langue qui rappelle celle de Bossuet, saluant lui aussi, dans son discours sur *l'unité de l'Eglise*, les plus illustres représentants de l'Eglise de France. Se faisant l'interprète des vénérés Pontifes qui l'entourent, Mgr l'Evêque de Nimes répond au jeune orateur avec cette grâce, cette délicatesse, cette distinction exquises qui ajoutent tant de charme à sa parole éloquente. Avant de se retirer et pour exaucer la demande respectueuse qui leur en avait été faite, Nosseigneurs les Evêques bénissent avec effusion le collège St-Stanislas, son vénérable supérieur, les professeurs, les élèves, et en particulier ceux d'entr'eux qui se

préparent à subir prochainement les épreuves du baccalau-
réat. L'annonce d'un congé extraordinaire, accordé avec l'a-
grément de M. le supérieur, réjouit le cœur de tous, des
petits surtout, dont les applaudissements répétés accompa-
gnent la sortie et le départ de leurs Grandeurs.

— A 4 heures et demie, pour les vêpres, même affluence que
le matin pour la messe solennelle ; même cérémonial aussi
pour aller chercher et reconduire Nosseigneurs les Evêques.

A l'issue des vêpres, le R. P. Gally, de la Société de Marie
monte en chaire. L'orateur est jeune : sa voix est forte et
claire ; belle diction ; gestes généralement sobres et naturels ;
doctrine sûre et correctement développée. Le R. P. Gally est
heureusement doué de toutes les facultés qui conviennent à
l'orateur : son discours permet de présager une carrière oratoire des plus brillantes.

Il débute en saluant Marie comme notre unique espérance ;
Spes nostra, salve ; tel fut son texte dont tout le discours ne fut
qu'un heureux et exact commentaire. Il rappelle cette parole
sortie, il y a 25 ans, d'une bouche éloquente, dans une solennité semblable à celle-ci : « C'est l'âme religieuse de la France
qui se réveille. » A cette époque, au milieu de nos désolations
patriotiques, les âmes se tournaient vers le Ciel. De même
qu'autrefois pour descendre jusqu'à nous, Dieu se choisit un
sein virginal, le peuple chrétien pensa avec raison que pour
venir à notre secours, Dieu se choisirait un intermédiaire, et
sa piété se porta vers Marie qui lui semblait destinée à nous
sauver. La France reprit sa prière, elle chercha Marie à La
Salette, à Lourdes, elle fit revivre tous les antiques pèlerinages ; oui, c'était le réveil de la France. Depuis lors les cauche-
mars douloureux ont reparu, mais la confiance reste toujours
inébranlable et le réveil se poursuit. Est-ce qu'on n'a pas
senti l'âme de la France s'échapper des mains de ses ennemis pour courir aux sanctuaires vénérés, aux congrès catholiques, pour s'épuiser en œuvres de charité : elle est surtout
fidèle à Marie et elle tressaille de joie à son seul nom. Léon
XIII a dit : « La France ne périra pas parce qu'elle a Notre-
Dame de Lourdes. » C'est là le plus flatteur hommage qui
pût être rendu à la France chrétienne fidèle à Marie.

La dévotion de cette ville et de ce diocèse envers Marie en
est aussi la preuve bien manifeste : ils n'ont cessé de l'aimer
et pendant onze siècles les pieux pèlerins ont toujours visité

le sanctuaire de Notre-Dame de Grâce ; pour eux, la Vierge de Rochefort a été toujours leur reine, leur mère ; de son roc de granit, Marie leur a paru se lever toujours comme l'étoile du salut.

Vous l'aimez aujourd'hui davantage ; le spectacle que vous offrez est le plus beau de tous ceux que rappellent nos annales, et c'est vraiment l'heure d'un grand réveil. Ayez confiance Marie récompensera votre amour filial. On a dit que la France est le soldat de Dieu ; il est aussi vrai de dire avec saint Bernard que la France est le royaume de Marie.

Deux grandes pensées se partagent ce discours : La France chrétienne a une mission divine qu'elle a remplie malgré quelques défaillances ; Marie a été l'instrument par lequel la France a pu remplir sa mission.

L'espace nous manquerait pour suivre l'orateur dans tous ses développements ; il faut nous borner aux points principaux.

I. — Comme la Judée avait la mission de préparer le Messie, la France, nation aussi à part, a eu la mission de propager, d'étendre le règne du Messie, dont elle est le porte-voix, le bras droit. Au lendemain de Tolbiac, où Dieu lui avait dit : Sois mon soldat, Clovis répond par sa première victoire sur les ennemis de la France et du Christ. Car il ne suffit pas d'être appelé, il faut être fidèle à sa vocation. La France a-t-elle été fidèle ? Oui. Vive Dieu ! nous n'avons pas à rougir de notre histoire. Après Clovis, c'est Charles-Martel qui, à Poitiers, arrête les flots de l'invasion musulmane portant partout la ruine et la terreur. Puis c'est le Pouvoir temporel que fondent ou qu'agrandissent nos rois ; la France, soldat de Dieu, monte la garde aux portes du Vatican et quand elle sera forcée d'en éloigner ses soldats, elle y restera par ses royales aumônes.

Une autre invasion menace l'Europe; c'est la France qui en conjure le danger. C'est elle qui sonne la charge des Croisades; Sylvestre, Urbain, concile de Clermont, Pierre l'Hermite, Bernard, Godefroy de Bouillon, tout est français.

Au 16e siècle, l'Europe se soulève tout entière au cri trompeur de : Réforme ! Réforme ! Les nations apostasient et la foi est menacée. Que fera la France ? Abandonnée, trahie, elle ne capitulera pas ; elle se ligue, elle ferme les portes de sa capitale au Béarnais et préfère subir la guerre, la disette et la mort plutôt que de laisser asseoir un hérétique sur le trône de saint Louis.

Soldat de Dieu, la France a été aussi son apôtre ; elle a une force d'expansion extraordinaire ; elle se fait prêcheur pour annoncer au loin la bonne nouvelle ; son héroïsme est incomparable ; elle s'identifie si bien avec le Christ dont elle est l'apôtre, qu'en Orient, Français est synonyme de catholique. C'est aussi la France qui a institué le Denier de la Propagation de la Foi ; c'est elle encore qui a eu l'honneur d'être choisie, il y a deux siècles, par le Christ pour être la confidente des révélations de son Cœur sacré. Elle a eu à déplorer des défaillances, mais elle a fait toujours honneur à son mandat.

II. — Ce n'est pas pas ces propres forces ; en elle agissait une puissance douce qui la guidait, la puissance maternelle de Marie.

On dit qu'au moment d'expirer, Jésus tournant son regard vers l'Occident, distingua parmi les nations le sol de la Gaule et le confia à sa Mère. C'est une légende, mais le fonds est vrai ; nous sommes nés dans les bras de Marie, nous avons grandi sous son regard, elle nous a toujours sauvés aux heures fatales : on a eu raison de dire qu'elle s'est toujours montrée « Bonne Française. »

Elle prit possession du sol de la France, quand les apôtres, exilés de la Palestine, abordèrent à Marseille et lui érigèrent un premier autel. On sait quels progrès a fait depuis lors dans la vieille cité Phocéenne la dévotion à Marie. Notre Dame de la Garde en est une preuve vivante.

Deux autres villes rivalisaient d'importance avec Marseille : Lyon et Paris. A Lyon, arrive Pothin, disciple de ce Polycarpe qui a été fait évêque par saint Jean ; il porte avec lui une image de Marie aux pieds de laquelle prie Irénée et alors s'inaugure le culte de la Vierge qui s'étend à l'entour jusqu'à ce qu'il domine à Fourvières et rayonne sur la France entière.

A Paris, c'est saint Denys qui est son premier évêque. Il a connu Marie à Ephèse et son premier acte a été de bâtir un sanctuaire en l'honneur de la Mère de Dieu, et cette chapelle est devenue Notre-Dame de Paris ; en donnant Lutèce à Marie, Denys lui a donné la vieille Gaule.

Mais il y a encore Reims qui fut à la Vierge ; la nuit qui précéda le baptême de Clovis, Rémi priait à un autel de Marie lui consacrant la France et lui demandant de la conduire à la gloire : prière qui fut exaucée tant que la France fut fidèle à sa mission et encore même dans l'épreuve qui lui attirent ses fautes, Marie est là pour la secourir.

Elle défend d'abord son territoire contre les Normands.

Charlemagne doit sa victoire à la tunique de la Vierge qu'il fait porter déployée à la tête de ses armées. Lors de l'invasion de l'Angleterre et de l'Allemagne, Philippe avec 50.000 hommes triomphe de l'armée trois fois plus nombreuse des ennemis par l'intervention surnaturelle de Marie, à qui, le lendemain de Bouvines, le roi de France éleva un sanctuaire à Senlis : Notre-Dame de la Victoire. Nos rois chrétiens, les chevaliers portent dans la garde de leur épée une relique de Marie et nos soldats vont à la bataille au cri de: Vive Dieu et Notre-Dame ! Le peuple surtout acclame Marie et lui élève des cathédrales ; Marie est vraiment reine de France.

S. Louis vient au monde à la suite d'un vœu de la reine Blanche à la Vierge. Et bientôt après, quand la France s'éloignant de Marie est tellement humiliée par la honte de la défaite que son glas semble sonner et qu'il ne reste plus rien de cette France, quelqu'un veillait là-haut et préparait notre salut. Jeanne d'Arc appartenait à Marie par son vœu de virginité, elle n'avait pas de plus douce joie que d'aller vénérer l'image de Marie incrustée dans le chêne de la forêt ; docile aux voix du Ciel, elle part en prenant l'épée qu'elle trouve sur l'autel de Notre-Dame et fait graver sur son étendard à côté du nom de Jésus, le nom de Marie. Victorieuse, elle va d'abord à N.-D. des Miracles, puis à Notre-Dame de Reims où elle fait couronner le Roi. La France était sauvée.

Marie veille encore sur notre foi. Elle nous a sauvés de l'hérésie des Albigeois, de la réforme et du rationalisme. De l'hérésie des Albigeois, non par les armes et les conquêtes de Simon de Montfort, mais par le Rosaire que prêche S. Dominique : de la Réforme non par les dragonnades, mais par S. Ignace, S. François de Sales, disciples dévoués de la Vierge, par le peuple aussi dont la foi est toute empreinte d'amour pour Marie. Le triomphe de l'hérésie eût été la ruine du culte de la Vierge, il eût fallu détruire cathédrales, effacer tout un passé glorieux ; ce peuple a dit : Jamais et il a triomphé de l'hérésie, Louis XIII a payé sa gratitude à Marie en lui consacrant la France et Marie lui a répondu encore en donnant à la France Louis XIV, les victoires de Condé et les gloires du grand siècle.

En notre siècle, la foi était menacée par le rationalisme ; Marie est intervenue et la foi a été victorieuse. Le rationalisme niait le surnaturel, Marie ouvre le Ciel et nous apparaît ; il niait l'autorité, le dogme, le mystère et Marie est venue confirmer le dogme de son Immaculée Conception ; il niait le miracle et à Lourdes le miracle est pour ainsi dire permanent.

L'influence de Marie nous enveloppe, nous surtout, depuis onze siècles ; Notre-Dame se tient debout, indestructible sur son rocher, perpétuellement victorieuse. Comme un phare dont la base est sans cesse battue par les flots, Marie résiste impassible à tous les assauts multipliés de l'Enfer.

Et aujourd'hui à l'appel de l'Evêque sont venus dans cette Basilique ces vénérés Pontifes qui font le plus bel ornement de nos fêtes pour attester les victoires de Marie ; on a dit de nos anciens évêques qu'ils avaient fait la France comme les abeilles font leurs ruches ; les évêques de nos jours veulent la refaire ; leur ruche leur fournira la cire qui éclaire et le miel qui attire et qui adoucit. Oui, la France se refera, malgré tous les symptômes qui présagent sa décadence, malgré les blasphèmes, malgré les vices. Marie est là qui nous a gardés et sauvés ; prions-la pour le salut de la France. Serait-elle à l'agonie, est-ce que Marie n'est pas notre suprême espérance ? Oui, c'est de Marie que nous viendra encore le salut : *Spes nostra, salve.*

Le discours fini, la Maîtrise a entonné l'*O Salutaris* de M. Bellivier, qu'elle a exécuté en faisant ressortir les beautés de cette remarquable composition ; elle a chanté ensuite l'*Oremus pro Pontifice* et enfin le *Tantum ergo*, de Bach.

Mgr Germain a donné la bénédiction du T. S. Sacrement et aussitôt après, Nosseigneurs les Evêques ont été reconduits solennellement au palais épiscopal.

— Le soir, à neuf heures, concert musical offert à Nosseigneurs les Evêques dans la cour d'honneur du palais par la musique des Enfants de Nimes. Affluence considérable qui a tout envahi, piétinant les fleurs et les arbustes, applaudissant les musiciens, acclamant les prélats ; elle débordait jusque sur la place de la Cathédrale. Mgr l'Evêque a tenu à féliciter les Enfants de Nimes pour leur excellente exécution, à les remercier surtout de ce témoignage de vénération pour ses hôtes illustres et de leur piété filiale envers leur premier pasteur. Les vivats longtemps répétés ont accueilli la parole de

notre bien-aimé Pontife et l'on a [pris rendez-vous pour le
lendemain, le second jour du Triduum dans l'Eglise Cathédrale.

Deuxième jour

Le soleil se lève aussi radieux ; la brise souffle encore, forte
et fraiche pour nous préparer une température vraiment prin-
tannière ; Notre-Dame bénit ses dévots serviteurs.

La messe de communion est célébrée aujourd'hui par le révérendissime Père abbé de Lérins, Dom Colomban, assisté de
M. l'archiprêtre ; c'est le chœur de la Providence de St-Thomas
qui exécute les chants, accompagné sur l'harmonium par l'or-
ganiste, M. Egman : Beau Ciel, éternelle patrie ; Recueillons-
nous ; Tabernacle Sacré ; Allons au Ciel près d'une Mère.

Encore aujourd'hui, afluence considérable ; communions
très nombreuses.

A dix heures, messe solennelle pontificale. La Cathédrale
est comble, comme hier ; le défilé du cortège se refait de la
même manière, mais parmi les Evèques, a pris place Mgr Hazéra, évêque de Digne, et parmi les abbés mitrés le R. Dom
Marie, abbé de la Trappe d'Aiguebelle.

Mgr l'évêque de Montauban officie, assisté de M. le vicaire
général de Villeperdrix, prêtre assistant. de MM. Salaville
et Bonnefoy, diacres d'honneur, de MM. C. Ferry et Brunel,
diacre et sous-diacre, de MM. Valdeiron et Sarran, chanoines
parés ; six élèves du Grand Séminaire portent les insignes et
les mêmes maîtres de cérémonie dirigent la sainte fonction.

On attendait à l'évangile l'allocution de Mgr Grimes, évêque
de Christchurch : M. l'Archiprêtre est monté en chaire pour
avertir l'assistance que Sa Grandeur retenue à Paris par une
grande fatigue, exprime ses regrets de ne pouvoir répondre à
l'appel de notre évêque et recommande à nos prières son diocèse lointain.

La maîtrise exécute la messe de Jeanne d'Arc, de Gounod :
elle varie ses œuvres, mais elle ne cesse pas d'être elle même
toujours irréprochable dans son exécution, se jouant au milieu
des plus grandès difficultés, toujours avidement écoutée et
digne des plus flatteurs éloges.

—Immédiatement après la messe solennelle, Nosseigneurs les
Evêques, se dirigent vers le collège de l'Assomption. Les éminents prélats sont reçus dans la cour de la 2ᵉ division, sur une
gracieuse estrade qui avait été dressée à l'ombre du magnifi-

que murier : ils furent salués par une cantate composée pour
la circonstance et dont l'exécution musicale était dirigée par
M. Arnaud, le maestro si connu. Mgr l'Evêque de Nimes se
fait l'interprête des éminents prélats en félicitant les maîtres
et les élèves, en souhaitant au collège grandeur. accroisse-
ment, prospérité, en rendant surtout hommage à l'éminent
fondateur et aux directeurs qui lui ont succèdé Sur la demande du R. P. Joseph les évêques lèvent leurs mains et bé-
dissent la foule des parents, des enfants et des maîtres.

Au banquet qui suivit dans la salle de l'ordre du jour ornée
aux couleurs de l'Assomption et aux armes des évêques, ce
fut comme un assaut d'éloquence. Le premier toast fut porté
par M. le comte de Balincourt à qui répondit Mgr de Cabriè-
re. Le R. P. Bailly parla ensuite pour remercier à son tour
tous les anciens élèves, les religieux et les évêques. Au dessert, petite saynète musicale très réussie. Enfin un assaut d'armes fut le bouquet qui termina la visite.

— A deux heures, la Cathédrale réunissait toutes les jeunes
filles de nos écoles chrétiennes et de nos externats catholiques:
intéressante assistance à laquelle présidaient, chacune pour
sa part, nos religieuses et nos institutrices. Ces petites toi-
lettes, ces fleurs innombrables et variées donnaient à notre
grave Cathédrale un air de jeunesse qui était bien en harmonie avec les joies de nos fêtes. Le R. Dom Colombau présidait,
assisté de M. l'archiprêtre et de ses vicaires.

Le Révérendissime abbé, fatigue, n'a pu prendre la parole.
il s'est fiat suppléer par M. l'abbé Reydon, premier vicaire,
qui, après avoir exprimé ses regrets aa sujet du silence du
saint religieux, a dit à ces chères enfants le but de la cérémonie et les bienfaits qu'elles devaient en retirer. Elles sont
vennes chanter les louanges de Marie, unissant leurs voix à
celle de tout le peuple de la cité et du diocèse ; elles devaient
avoir une place spéciale dans ce concert en l'honneur de Notre-Dame, car Marie, comme Jésus, aime les petits enfants ;
elle veut qu'on les laisse venir à elle : *Sinité parvulos venire
ad me.* Mais les chants, les fleurs ne suffisent pas, il faut surtout offrir à Marie un cœur orné de piété et de pureté, ces deux
vertus qui sont à ses yeux les plus belles de toutes, les fleurs
les plus agréables. Tel était le cœur des saints patrons de l'en-
fance chrétienne : Agnès, Angèle, Louis de Gonzague, Stanislas. Toutefois pour acquérir ces vertus. et pour les conserver,
il leur faudra soutenir une lutte : tout soldat est chrétien et

doit combattre, mais Marie sera avec elles pour les aider, les encourager ; avec son secours elles auront la victoire et le Ciel sera un jour leur partage.

Les chants ont repris alors, exécutés par le chœur de l'Orphelinat de la Miséricorde : un *O Salutaris* et un *Tantum* de bonne musique religieuse et la bénédiction du Saint Sacrement donnée par le R. P. Abbé de Lérins a clos cette édifiante cérémonie

— A trois heures et demie, la foule se presse plus compacte et plus impatiente aux grandes portes de la Cathédrale ; à mesure que les cérémonies se multiplient, la plupart se prolongeant pendant des heures entières, l'affluence grossit et grossit encore ; notre bon peuple ne peut se rassasier de prendre part à ces prières, à ces hommages en l'honneur de Notre-Dame ; il en oublie, pour ainsi dire, ses travaux ordinaires et la vie de la cité semble tout entière suspendue pour se concentrer autour et au-dedans de la Cathédrale. Cette foule nous rappelle le peuple de Jérusalem suivant pendant trois jours Notre-Seigneur et ne pensant même pas à sa nourriture,

A cette heure, un motif de plus attire les fidèles : on a annoncé que S. E. le cardinal de Lyon doit arriver à cinq heures et qu'il fera son entrée solennelle dans l'église pendant le chant des vêpres.

Cette attente n'a point été trompée. Vers la fin du *Magnificat*, les grandes portes s'ouvrent et un frisson parcourt l'immense assemblée qui se lève comme un seul homme, tandis que les orgues jettent leurs notes solennelles et bruyantes pour couvrir le bruit des poitrines haletantes. Nous sommes tous debout pour saluer l'éminent prince de l'Eglise, et quand il apparaît dans la majesté simple mais grande de sa pourpre, avec sa longue traîne, répandant ses bénédictions et souriant, nous eussions applaudi et nous aurions acclamé ce Pontife, si nous n'avions pas été retenus par le respect pour le Saint-Lieu.

C'était vraiment imposant et nous avons eu alors comme une vision de l'Eglise universelle qui nous apparaissait incarnée dans un de ses plus hauts représentants. L'éminent cardinal venait prendre la première place au milieu des Evêques réunis pour nos fêtes, des Révérendissimes abbés, des prêtres nombreux et de la foule des fidèles qui remplissaient la Cathédrale. N'était-ce pas l'Eglise du Christ avec tous les rangs de la hiérarchie, moins son Auguste et suprême Chef, il est vrai, mais la pensée de Léon XIII était présente à tous les esprits et dominait cette admirable scène.

Le chœur chantait alors le *Gloria Patri* du *Magnificat* ; c'était la voix de toute l'assemblée faisant monter au Ciel le cantique de l'adoration et de l'amour ; c'était comme la voix de l'Eglise qui ne cesse de répéter que tout honneur est dû au roi immortel des siècles. Gloire à Dieu le Père qui est le principe de toutes choses ; Gloire à Dieu le Fils qui s'est fait homme et est mort pour nous en nous laissant, pour continuer son œuvre, cette Eglise dont nous avons une fidèle image sous nos yeux ; Gloire à l'Esprit saint qui plane sur toutes nos âmes pour les enfanter à la grâce. Et maintenant ajoutons aussi : Gloire à Notre-Dame, qui est la fille du Père, la Mère du Fils, l'épouse du Saint-Esprit !

Son Eminence a pris place au trône qui lui avait été préparé et la cérémonie a suivi son cours.

Les vêpres terminées, Mgr Dadolle, en manteletta de prélat de Sa Sainteté, est monté en chaire. Après avoir demandé et reçu la bénédiction de Mgr le Cardinal, il dit les paroles de son texte dont le discours ne sera que le commentaire : *Non fecit taliter omni nationi*, Dieu n'a point fait pour les autres nations ce qu'il a fait pour la France. Ces paroles font pressentir le sujet du discours, mais avant de commencer, l'orateur tient à s'unir aux hommages que tout le peuple de Nimes adresse à Notre-Dame, à prendre part à ces fêtes que Nimes célèbre en ces jours avec encore plus de piété que de solennité.

Autrefois le peuple se servait de monuments pour fixer la mémoire des évènements importants ou des hommes illustres ; aujourd'hui les générations émues se retournent vers le passé, instituent des anniversaires, des centenaires et demandent des leçons. Ce sentiment s'égare parfois ; mais il est équitable et honore l'humanité, qui aime à se rappeler ainsi qu'elle ne date pas d'hier, qu'elle vient de Dieu et est portée dans ses mains.

Les hommes sont bien inspirés de saluer la marche vers le progrès, mais l'Eglise n'a pas eu besoin de les suivre: ses fêtes liturgiques sont le prototype de ces manifestations modernes. Ainsi nous entrons dans une tradition en célébrant ce onzième centenaire. Quel magnifique spectacle ! Seul, notre

Midi est capable de l'offrir aux regards ! L'orateur est heureux de s'y trouver mêlé : peut-être aurait-il décliné l'invitation dont Mgr l'Evêque de Nimes l'a honoré, car il n'avait pas qualité pour louer Notre-Dame de Rochefort : cette tâche revenait de préférence soit aux Pères qui ont la garde de ce sanctuaire, soit aux fils illustres de cette Eglise.

Mais il s'est souvenu que c'est Charlemagne qui a fondé Rochefort et que de ce grand prince date le nom glorieux qui nous est donné de « Fils d Notre-Dame. » Il a cru entrer dans l'esprit de ces fêtes en disant l'union de Marie à la France. *Regnum Galliæ, regnum Mariæ.* C'est la grande voix de la tradition. En dépit du caractère universel de Marie, corédemptrice de tout le genre humain, il y avait place en elle pour un sentiment privé, non exclusif ; elle pourrait aimer de préférence le peuple de son choix. Plusieurs nations catholiques revendiquent ce privilège, mais les titres de la France sont plus précieux ; en les rappelant nous allons remémorer la gloire de notre Patrie.

S'adressant alors à Mgr le Cardinal, l'orateur s'exprime à peu près en ces termes :

Eminence, c'est un rayon nouveau que votre auguste présence donne à ces fêtes ; votre concours était presque inespéré et nous le considérons comme une surprise de la grâce ; mais on sait que vous aimez à faire des heureux. Au nom de tout ce peuple, je salue en vous la pourpre romaine, et quant à votre Fils, votre bénédiction sera pour sa parole une grâce efficace.

Mgr Dadolle, entrant dans son sujet, nous ramène à l'heure même de l'agonie du Sauveur ; il nous montre auprès de lui sa mère et le disciple bien-aimé ; il nous rappelle le testament divin par lequel Jésus les donne l'un à l'autre, cachant dans cette acte l'adoption de l'humanité par Marie. Il y avait aussi près de la croix, Madeleine qui avait pénétré bien avant dans l'intimité du cœur de Jésus : que deviendra-t-elle ? Jésus avait dit qu'elle avait choisi la meilleure part et cette parole s'est réalisée : exposée sur une frêle barque aux périls de la mer, elle est poussée par Dieu vers nos rivages où elle aborde en apportant à la France la mission que lui a confiée le Sauveur expirant : Jésus avait fiancé Madeleine à la France ; Madeleine évangélisera ce peuple et quand elle aura succombé, la France héritera du privilège de cette sainte femme qui tint la première place auprès de Jésus, Si Rome est la tête de l'Eglise, le centre de la foi, si l'Espagne est la terre de la constance et de la force, il était réservé à la douce France de personnifier la charité.

Préfigurée par Madeleine, la France chrétienne nait à Tolbiac. Bientôt à Reims un grand page la proclame la fille aînee de l'Eglise : Léon XIII lui fait écho d'abord dans son Encyclique et ensuite dans une Ode immortelle. La France nait à Noël, jour où le Verbe paraît enfant et où Marie commence à porter l'auréole de sa maternité. Cette heureuse coïncidence des deux naissances indiquait le premier peuple chrétien : les deux berceaux appartiendront au même sein maternel.

Il aurait pu en être autrement. Mais Dieu a voulu que Marie fut le point d'attache entre le ciel et la terre, non pas comme Jésus qui est le seul médiateur, mais le canal et la source sont également indispensables : c'est par Marie que la grâce coulera sur les âmes. S Bernard a dit : Celui-là n'aurait pas Dieu pour Père qui n'aurait pas Marie pour Mère.

O France ! Quelle lumière répand sur toi cet oracle du grand Docteur ! tu es donc née de Dieu et de Marie ! Ce langage n'est pas d'imagination, il dit ce qu'il faut croire. Ici un dogme éclaire un évènement historique : dogme de la maternité de Marie, inséparable de celui de la Paternité de Dieu.

Dieu nous paraît penché sur le baptistère de Reims comme sur le berceau de son premier-né parmi les peuples : ce berceau est le temple de Marie et la France a droit de réclamer la première place dans le cœur de Notre-Dame. La France est pour Marie ce que furent autrefois pour leurs mères les Fils de famille ; enfants privilégiés pour lesquels la mère éprouvait un plus vif attrait ; la France est plus chère à Marie que toutes les autres nations.

II. — Comment la France a-t-elle répondu à sa vocation ? Une part bien large faite à la grâce prévenante et à toutes les grâces qui l'ont suivie, rappelons les traits principaux de la piété filiale de la France pour Marie.

Bien avant l'ère chrétienne, la France avait foi en la Vierge qui devait enfanter *Virgini parituræ*. Ce culte se développe davantage après la prédication de l'Evangile, et toutes les races de nos rois lui sont fidèles, Charlemagne surtout dont le nom s'unit ici avec celui de Guillaume d'Aquitaine pour l'érection du sanctuaire de Rochefort. Donnons un salut ému à cet ex-voto d'une double victoire française. Puis, au sein d'un peuple jeune se forme la chevalerie qui représente la bravoure intrépide et le courtois dévouement ; elle a pour patronne Notre-Dame, et malgré ses écarts, elle est la promotrice de la civilisation et fait les Croisades.

En même temps les peuples se pressent dans les sanctuaires de Notre-Dame, humbles chapelles ou magnifiques cathédrales qni s'élèvent sur le sol de la France. Ii faut nommer surtout Prime-Combe, Laval, Vauvert et tous ces lieux consacrés par nos pères à Marie et décorés de son nom. Et partout, même floraison ; les basiliques jettent dans les airs leurs flèches artistiques célébrant les grandeurs de la Vierge.

Au XII⁰ siècle, le docteur S. Bernard retrouve la lyre des prophètes pour chanter Marie et Dominique donne à la France le Rosaire que Marie lui avait révélé. Enfin notre vieillle Sorbonne est fière de son privilège d'avoir toujours affirmé l'Immaculée Conception de Marie.

Au XVI⁰ siècle, à l'aurore des temps modernes, quand l'hérésie menaça de tout envahir, qui garda encore la France? Elle n'employa la force contre la force, que lorsquelle y fût contrainte ; elle fut sauvée par son peuple qui ne pouvaitcomprendre qu'on voulut arracher de son cœur son amour pour Marie.

Au XVII⁰ siècle, quand Louis XIII pressent de prochaines épreuves, il se tourne vers Marie qui lui rouvre une ère de gioire avec le siècle de Louis XIV.

La Révolution qui laissa partout des ruines ne put détruire cet amour de Marie enraciné profondément dans les cœurs. Aux premières heures de liberté, les sanctuaires de Marie sont ouverts, Notre Dame de Paris et de Bourges ; puis viennent La Salette, Lourdes, Pontmain et les pèlerinages enthousiastes s'organisent. Tout parle du culte de Marie toujours vivant. Ainsi l'histoire de notre nation est pleine de Marie. Ajoutez que la France, par ses héros, par ses justes, s'est toujours trouvée dans le mouvement vers le progrès chrétien et que son drapeau se déploya surtout pour propager la civilisation qui est la fille du Fils de Marie.

Le plan est rempli, peut-être imparfaitement mais l'intention était bien sincère de pouver la vérité de cette parole ; *Non fecit taliter omni nationi.* Et c'est la note d'espeiance apportée à ces fêtes, note fondée sur les bienfaits passés de

Marie. Il en est qui prophétisent des malheurs, la décadence, la ruine. Il y a des symptômes de ces maux, mais ils ne sont qu'à la surface ; on ne connaît pas assez le fond du cœur de la France qui reste toujours attaché à Marie.

Léon XIII, il y a deux ans, présageait le cas de notre restauration future par la double force de notre foi chrétienne et de notre activité innée qui se retrouvent toujours aux heures du réveil de notre Patrie dont nous parle l'histoire de France. Léon XIII a dit : « La France est une nation qui ne peut pas périr. » Elle ne le veut pas surtout et c'est là un gage de vie indéfectible.

Notre espérance s'abrite derrière le pacte de la France avec Marie ; ce pacte est un don de Dieu et les dons de Dieu sont sans repentance. O Marie ! Vous êtes l'objet de ce pacte et vous en serez la gardienne ! Donnez-nous un gage de plus de l'inviolabilité de cette consécration.

Sur sa bannière, Jeanne d'Arc avait, à côté du nom de Jésus, écrit celui de Marie. Nous aussi disons : Jésus, Marie, Notre-Dame encore nous sauvera.

On aura retrouvé dans ce discours presque le même plan et les mêmes idées que dans celui de la veille. On ne peut que se rencontrer quand on raconte les bienfaits de Marie à l'égard de la France, mais l'auditoire ne se lasse pas d'entendre cette glorieuse épopée française faite d'amour et de reconnaissance. C'est le cas de répéter la parole de Lacordaire : L'amour n'a qu'un mot et en le disant toujours il ne le répète jamais.

Mgr Dadolle est bien l'orateur que nous attendions, sa parole est pleine de distinction : son style est très littéraire : il a de l'élévation dans la pensée, de la logique et de la méthode dans les développements, il plait, il séduit par sa diction, par son geste mesuré et noble. Son discours qui est tout entier le panégyrique de notre chère France, est une belle œuvre oratoire que nous avons été heureux d'entendre et de goûter.

Au Salut qui a suivi, la maîtrise a exécuté l'œuvre magistrale de Capocci, le *Laudate pueri Dominum*, d'une longue et laborieuse exécution, mais l'immense auditoire ne semblait pas s'en apercevoir et restait sous le charme de cette ravissante composition. Renouvelons nos éloges aux maîtres qui forment ces ténors et ces enfants. Ensuite ont été chantés : le *Tu es Petrus*, de Faure et le *Tantum ergo*, de Gounod.

La bénédiction a clos la cérémonie, mais le peuple toujours infatigable, attendait la sortie du cortège et malgré les barrières se pressait autour de nos évêques pour baiser leurs anneaux et recevoir leur bénédiction. Son Eminence surtout a été l'objet d'une enthousiaste ovation et a été escortée de toute la foule jusque sur le perron de l'Evêché. Avant d'entrer au Palais, elle a donné sa bénédiction et les fidèles se sont retirés.

— A huit heures et demie, Mgr l'Evêque de Nimes ouvrait les salons de son palais en l'honneur de Mgr le Cardinal et recevait tout son clergé ainsi que l'élite de notre population. Nous ne nommerons personne de peur de commettre des oublis : il suffit de dire que tous les invités s'étaient fait un devoir de répondre à l'invitation de leur évêque.

Les salons étaient brillamment illuminés et ornés avec distinction ; des lampes électriques dissimulés dans les branches des arbres éclairaient les massifs et les allées du jardin.

Son Eminence présidait à cette soirée avec cette grâce douce et distinguée qui le caractérise, ayant un mot agréable pour chacun des hôtes de Sa Grandeur.

La maîtrise épiscopale, sous la direction de M. Bellivier, maître chapelle et de M. le chanoine P. Ferry, supérieur, a chanté les morceaux indiqués sur le programme : *Cantate* de circonstance, paroles de M. l'abbé Ballivet, musique de M. Bellivier ; *Hosanna*, de Dubois, pour ténor, par M. Chabaud ; le *Berger* et *l'Oiseau*, duettino par MM. Bois et Bruno ; *Sigurd*, de Reyer, M. Rouquette ; *duo de Polyeucte*, de Gounod, par MM. Chabaud et Bois.

Enfants et artistes ont été applaudis et félicités : ils avaient contribué à l'éclat de cette soirée dont le succès a dû être une vive joie pour notre bien-aimé Pasteur.

Ainsi nos fêtes en se prolongeant ne perdent rien de leurs attraits, de leurs charmes et Notre-Dame bénit tous ces témoignages de piété et d'amour que nous nous plaisons à lui prodiguer.

Troisième jour

Beau temps encore : le vent souffle toujours et rafraîchit l'atmosphère. Un soleil radieux resplendit sur un ciel toujours d'azur. Notre-Dame continue à nous bénir.

— La messe de communion à sept heures et demie a été célébrée aujourd'hui par Mgr l'Evêque de Digne. M. l'Archiprêtre assistait Sa Grandeur. L'orphelinat de Saint François de Sales était chargé du chant et, sous la direction de Mme Mallet, si dévouée à cette Maison, a exécuté les morceaux suivants : *Mère de Grâces, ô Notre-Dame* ; *Ave Maria, de Gounod* ; *O Salutaris* ; *l'Ange et l'âme* ; *Memorare* ; *Magnificat*.

Encore aujourd'hui, très nombreuses communions.

— A dix heures, messe pontificale chantée par S. G. Mgr Theuret, évêque de Monaco. Prêtre assistant, M. le vicaire général Teissier ; diacres d'honneur, MM. les chanoines Salaville et Badaroux ; diacre, M. le chanoine Contestin ; sousdiacre, M. le chanoine Nicolas ; chanoines parés, MM. Ferrier et Cazenave. Le défilé du cortège a eu lieu dans l'ordre suivant : Mgr Dadolle, prélat romain ; les Révérendissimes Pères Abbés de Lérins, d'Aiguebelle et de N.-D. des Neiges ; Nosseigneurs les Evêques de Digne, de Rodez, de Mosynopolis (Canada), de Montauban, de Viviers, de Montpellier et de Nimes, Mgr l'Archevêque métropolitain d'Avignon ; le prélat officiant avec ses ministres sacrés, enfin l'Eminentissime Cardinal de Lyon, assisté de MM. les vicaires généraux Goiffon et de Villeperdrix. Dans le sanctuaire, plus de prêtres qu'hier ; tout le clergé du diocèse avait tenu à s'associer, un jour ou l'autre, à ces fêtes du Tridunm qui étaient surtout des fêtes diocésaines :

MM. les archiprêtres et MM. les curés-doyens, MM. les succursalistes, professeurs et vicaires, tous en habit de chœur ; les RR. PP. de l'Ordre des Frères-Mineurs et leur scholasticat ; les RR. PP. Augustins de l'Assomption ; les RR. PP. de la Compagnie de Jésus et surtout les RR. PP. de la Société de Marie, gardiens du sanctuaire de Rochefort, avec leur vénéré Supérieur et des religieux d'autres maisons : eux surtout avaient droit à prendre la plus large part aux joies de nos grandes solennités ; c'était leur sanctuaire et leur Vierge qui étaient l'objet de nos fêtes ; ils devaient s'y associer pleinement et leur présence au milieu de tout le clergé, en réjouissant tous les cœurs, contribuait à donner sa vraie physionomie à ce Triduum qui était bien en effet célébré à la gloire de Notre-Dame de Rochefort.

Au clergé de notre diocèse étaient venus s'associer des prêtres et des dignitaires des diocèses voisins, dans les places du sanctuaire ou sur les degrés de l'estrade. Nos chers Frères des Ecoles chrétiennes étaient venus aussi en très grand nombre.

La maîtrise a exécuté le chef-d'œuvre de Gounod, la mélodieuse messe du Sacré-Cœur ; l'interprétation a été digne de l'œuvre ; c'est assez en faire l'éloge.

A l'Evangile, Mgr Hazera, évêque de Digne, assisté de M. le chanoine E. Chapot, est monté en chaire. Dans un langage plein de clarté et de simplicité, Sa Grandeur a tenu à préciser le sens pratique de la dévotion à Marie. Elle a félicité notre peuple de l'ardeur toute méridionale qu'il mettait à célébrer les fêtes de cet onzième Centenaire de N.-D. de Rochefort et à affirmer ainsi sa confiance et son amour pour Marie. Comme si ces témoignages ne suffisaient pas, Nimes par l'organe de son Evêque avait fait appel à l'Eminent Cardinal de Lyon qui est venu mêler les battements de son cœur aux nôtres et dire aussi quelle est sa foi, quel est son amour pour Notre-Dame. Ils sont venus aussi, ses vénérés frères dans l'épiscopat, faisant trève à leurs labeurs, s'éloignant de leur diocèse pour confondre les élans de leur piété à nos élans et ils chantent et ils prient avec nous aux pieds de Marie en la saluant Reine du ciel et de la terre.

Cependant il se peut que tous nos frères catholiques ne partagent pas cette ardeur de sentiments, catholiques à esprit chagrin qui nous reprochent de trop faire pour Marie et qui disent qu'il ne faut pas donner à la religion d'autre fondement que celui de Jésus.

Le peuple de Nimes leur répond : *De Maria nunquam satis.* Nous ne saurions trop faire pour Marie, trop exalter sa puissance, trop chanter son amour.

Marie occupe une très grande place dans la société chrétienne ; elle est partout, elle est mêlée à toute notre vie : elle nous bénit, elle nous aide à nous sanctifier, elle nous console. Dans la joie, Marie est avec nous, car elle est la mère de toute joie et de toute espérance. Elle est aussi avec nous dans l'épreuve, car elle est la mère de toute consolation ; il semble que notre pauvre vie tomberait, traînerait, si Marie n'était là pour la relever.

Le nom de Marie est toujours sur nos lèvres ; il est aussi écrit partout : Notre-Dame de la Mer, Notre-Dame des fleurs, l'Etoile de la Mer et d'autres vocables encore qui prouvent que notre France, dont on a parlé en ces jours avec tant d'éloquence et de vérité, est toute consacrée à Marie.

Mais parce que Marie est ainsi l'objet de notre culte, est-il vrai de dire que nous mettons de côté le Seigneur pour mettre à sa place sa Mère ?

Non, mais quand nous honorons ainsi Marie, nous ne la considérons toujours que comme notre médiatrice auprès de Jésus lui-même qui est le seul médiateur entre Dieu et les hommes. Et pour aller à Jésus, quel saint pourrait mieux nous servir que Marie, sa Mère, quel saint pourrions-nous invoquer plus efficacement? C'est à Marie que nous disons avec plus de confiance : Priez pour nous. C'est une Mère qui veut élever chrétiennement son enfant, c'est un père préoccupé de l'avenir de son fils ; ils s'adressent à Marie en disant : Priez pour nous. Pour nous, voici que nous sommes dans l'épreuve, dans l'adversité ; nous lui disons : Soutenez-nous, Mère bien-aimée. A quel autre saint pourrions-nous nous adresser avec cette même confiance, cette même persévérance?

Nous ôter Marie, nous empêcher de la célébrer! Mais il faudrait déchirer cette page de l'Evangile où l'archange Gabriel fut envoyé par Dieu à Marie pour avoir son consentement à l'œuvre de la Rédemption et cette œuvre commença aussitôt après le *fiat* de Marie. Une autre page à déchirer, celle où il est raconté que Marie fuit en Egypte avec son Fils ; Dieu se préoccupe à la fois de l'enfant et de la mère. « Prends l'enfant et la mère », dit l'Ange à Joseph comme, si tous les deux avaient la même importance, la même place dans les préoccupations divines. Une troisième page qu'il faudrait nier, celle du miracle de Cana. Marie soucieuse, intervient : « Mon Fils, ils n'ont pas de vin. » « Qu'est ce que cela peut bien nous importer, à vous et à moi », répond Jésus. Mais Marie insiste et Jésus, touché, fait son premier miracle à la prière de sa Mère. Et que de miracles, depuis ce moment, miracles encore plus grands dans les âmes, la prière de Marie n'a-t-elle pas obtenus? Enfin il faudrait déchirer cette quatrième page où l'Evangéliste nous montre Jésus en croix et Marie à ses pieds ; elle rappelle la parole du Sauveur, parole bien connue mais toujours bien consolante à répéter : quand Jésus mourant donne sa Mère à Jean, c'est à nous tous qu'il la donne.

Enfin au Cénacle des Apôtres où le Saint-Esprit descend et où l'Eglise se forme, qui préside? N'est-ce pas Marie recevant la première l'infusion de l'Esprit-Saint, Elle qui a la première place dans l'Eglise après Jésus?

Effaçons donc toutes ces pages... Mais non, et tant vaudrait-il effacer tout l'Evangile. Elles resteront et par elles Marie restera à sa place d'honneur dans le Christianisme. Car

vous avez une piété éclairée ; vous savez que le fondement
principal de la religion, c'est Jésus ; vous attendez la vie
éternelle qui est de connaître le Père et Celui qu'il a envoyé :
cette vie ne peut nous venir que par Jésus. Mais vous
savez aussi que pour arriver à Jésus, le chemin c'est Marie. Notre dévotion ne s'arrête pas à elle, car elle est le
canal et non pas la grâce : s'arrêter à Marie, ce serait s'arrêter à mi-chemin.

Aimons Marie pour mieux aimer Jésus, pour arriver plus
sûrement à Jésus. C'est le secret de notre dévotion à Marie.
Honorons Marie, mais prions-la d'offrir nos hommages à Jésus. Imitons surtout et reproduisons ses vertus. Voilà le vrai
sens pratique de la dévotion de Marie.

La messe terminée, le cortège a reconduit Nosseigneurs les
Evêques et son Eminence au Palais épiscopal.

Mgr l'Evêque de Nimes offrait l'hospitalité à ses hôtes illustres. Au dessert Sa Grandeur s'est levée pour porter la santé
de l'éminentissime Cardinal ; dans son langage élevé et toujours heureux auquel il nous a habitués, Sa Grandeur remercie Son Eminence de l'honneur qu'elle a daigné faire au diocèse en venant présider nos fêtes ; elle a un mot aimable et
gracieux pour ses vénérés Frères dans l'épiscopat et rend
grâces à Dieu de lui avoir permis de célébrer ce triduum en
l'honneur de Notre-Dame.

Au nom du Chapître, M. le vicaire-général Teissier, doyen,
s'unit à notre évêque pour témoigner sa vive gratitude à Mgr
le Cardinal qui a bien voulu honorer nos fêtes de son auguste
présence et pour remercier Nosseigneurs les évêques d'avoir
répondu affectueusement à l'appel de Monseigneur de Nimes.

Son Eminence, le sourire sur les lèvres, répond avec
la plus douce amabilité à Mgr l'Evêque et à M. le doyen ;
elle énumère les motifs qui lui faisaient un devoir de venir
prendre part à nos belles fêtes ; il dit sa joie d'avoir assisté à
de telles manifestations de foi et d'amour envers Marie ; il
félicite Monseigneur de Nimes du succès de ces solennités et
appelle sur son diocèse les bénédictions de Dieu et la protec-
de Marie.

— A deux heures, l'exercice des enfants était réservé aujourd'hui aux élèves de nos pensionnats de jeunes filles et
aux orphelinats. Il était présidé par le R. Dom Marie, abbé de
Notre-Dame d'Aiguebelle ; M. l'archiprêtre l'assistait avec ses
vicaires.

Le chœur des Elèves de Saint-Maur a ouvert la cérémonie par un chant à la vierge Marie de Aloys Kung. Ce chant a été suivi de la récitation de deux dizaines de chapelet et le Révérendissime abbé est monté aussitôt en chaire. Il a parlé avec la simplicité et la modestie qui le caractèrisent mais aussi avec la pitié et la douceur dont son âme est remplie.

Il faut aimer Marie, parce qu'elle est un trésor dont connaissent le prix ceux-là seuls qui en usent. La premier commandement est d'aimer Dieu ; après Dieu, c'est Marie que nous devons aimer davantage parce qu'elle est notre mère, mère qui nous aime plus tendrement encore que notre mère selon la nature ; on a vu de ces mères ne pas aimer leurs enfants ; le cœur de Marie sera toujours plein d'amour pour nous ; et elle tiendra un jour auprès de nous la place qu'aura laissée vacante notre mère de la terre ; elle sera là pour nous protèger.

Il faut aimer Marie parce qu'elle nous aime. Elle aime les petits enfants, comme les aimait Jésus ; elle aime la pureté, l'innocence des jeunes enfants, comme Dieu réclamait autrefois de son peuple les primeurs de leur champ ; c'est ainsi qu'elle s'est plu à choisir deux jeunes filles à La Salette et à Lourdes pour leur révéler ses secrets ; Marie nous aime et attire sur nous les bénédictions de son Fils! Si nous avons failli, avant d'aller à Jésus solliciter notre pardon, allons à Marie pour qu'elle le prie en notre faveur: ainsi la mère de Jacob obtint pour son fils la bénédiction d'Isaac ; Marie nous aime et nous protège au milieu de tous nos maux mais surtout au dernier moment de notre vie où Satan fait un effort suprême pour s'emparer de notre âme; elle nous viendra en aide au moment de la mort et nous introduira dans le Ciel où nous la bénirons avec Jésus pendant l'Eternité.

Descendu de chaire, le révérendissime Père Abbé a donné à cette pieuse et intéressante assistance la bénédiction du Saint-Sacrement. Les chants liturgiques de l'*Adoremus*, du *Tantum* et du *Laudate* ont été encore exécutés par les élèves de Saint-Maur, accompagnées sur l'harmonium par M™ Arnaud.

— Le spectacle que présentait la Cathédrale, à l'heure des vêpres, ne peut se décrire ; ses murs s'étaient pour ainsi dire dilatés; nulle part le moindre vide ; çà et là des grappes humaines suspendues aux chapiteaux des pilastres, aux confessionnaux ; les tribunes regorgeaient. Quelle entrée imposante que celle du cortège de Nosseigneurs les évêques ! Quel empressement de la part des fidèles ! Quelle bonté, quelle condescendance de la part de nos Pasteurs et de Son Eminence!

Au *Dixit Dominus* chant du *Tecum principium* de Saint-Saens, exécuté aux grandes orgues avec accompagnement d'orgue et de harpe, d'un très bel effet. Avant le sermon, le *Souvenez-vous* de Massenet, et après, le duo de Gounod ; *D'un cœur qui t'aime*, paroles de Racine ; ensuite le *Cantantibus organis* de Capocci avec accompagnement de flûte. Au salut le *Tu es Petrus* de Dubois, le *Tantum* de Vervoitte et le *Laudate* de Gounod, tous ces morceaux remarquables chantés par de belles voix et que toute l'assistance a écoutés avec le plus manifeste intérêt.

L'acte principal de la cérémonie a été le beau discours de Mgr l'Evêque de Montpellier dont nous allons essayer de donner une longue analyse : cette œuvre a été le digne couronnement de notre Triduum.

Sa Grandeur a emprunté son texte au 1er verset du Psaume 18° : *Cœli enarrant gloriam Dei et opera manuum ejus annuntiat firmamentum*. Les Cieux célèbrent la gloire de Dieu et le firmament fait pressentir toutes ses autres merveilles. Des voix autorisées se sont fait entendre pour parler de la Bienheureuse Vierge Marie. D'abord, votre pieux et éloquent évêque dans sa Lettre pastorale pour convier son peuple à célébrer ce triduum. Ensuite, depuis que nous sommes assemblés, nous avons eu l'allocution vive et pénétrante de M. Guillibert, et l'homélie touchante qui tombait des lèvres émues de Mgr l'Évêque de Digne. Nous avons entendu, mardi, le mâle discours d'un Fils de Marie, esquissant à grands traits l'histoire nationale et en faisant jaillir d'utiles leçons ; hier, c'était une voix mélodieuse, discrète, habile à varier son ton et ses accents ; elle rappelait ce dieu païen de l'éloquence qu'on représentait sous la figure d'un homme de la bouche duquel sortaient de petites chaînes d'or aboutissant aux oreilles de ses auditeurs pour les enchaîner. Mgr le Recteur serait sans doute peu flatté d'être comparé à un dieu du Paganisme ; mais il reste de ce souvenir cet or précieux qu'il distillait et qui tombait de ses lèvres pour nous charmer.

Le meilleur accueil a été fait à tous ces discours et c'est maintenant la voix d'un Enfant de Nîmes qui va se faire entendre ; il sent tout le prix de cet honneur et il avoue bien sincèrement qu'il en est ému et comme effrayé. Est-il nécessaire de faire des discours autres que celui qui se fait ici depuis trois jours ? Quelle assemblée ! Jamais dans les plus beaux jours, surtout les jours inoubliables de la vie de Mgr Plantier, jamais affluence plus considérable, jamais air de fête plus répandue même au dehors de ce temple et dans toute la cité ! Combien heureux, l'Evêque de Nimes et pourquoi demande-t-il d'ajouter quelque chose à ce que ses enfants disent si bien ?

Cette assemblée d'évêques, quel beau discours aussi ! quel hymne à Marie ! Nous voyons là d'abord le vénérable chef de notre province ecclésiastique qui s'est fait une joie et un devoir de venir se placer à notre tête, ici où le prestige de son autorité est reconnu et respecté. Mgr l'Evêque de Valence est absent, mais son cœur est avec nous. Mgr l'Evêque de Montauban, fidèle au rendez-vous de l'amitié, est heureux de se trouver dans la province dont il est originaire et de représenter son vénérable Frère absent.

Mgr l'Evêque de Monaco, fils de la Franche-Comté, nous rappelle cette province à laquelle nous avons du trois évêques, de mérites différents, mais tous de haute vertu et de grande valeur. Mgr l'Evêque de Digne est le successeur de Mgr Meirieu, notre compatriote, qui était doué des plus hautes qualités d'intelligence et de cœur ; il méritait de comprendre le langage de cette manifestation et sa prière montera vers Dieu pour nous. Voici un autre évêque, appartenant à ce diocèse auquel je tiens aussi par toutes les fibres de mon âme : il s'est souvenu qu'il devait à sa ville d'adoption et à ses confrères, grandis par son élévation, de prendre part à ces solennités.

A côté de ces évêques, aux ornements éclatants, apparaissent ces Révérendissimes Pères Abbés qui, par leur humilité, nous rappellent de grandes leçons ; ils ont auprès d'eux, un missionnaire du Canada, à la figure austère, aux rides précoces, à l'âme vaillante : tous, nous enseignent que s'ils ont en mains une crosse d'or, c'est une croix de bois qui a sauvé le monde.

Enfin l'orateur salue avec une émotion qu'il allait dire fraternelle, S. Em. le Cardinal Coullié ; au printemps de leur vie ils étaient assis sur les mêmes bancs du Séminaire, ne songeant qu'à une vie de dévouement et d'humilité. L'Evêque est monté d'un degré dans la hiérarchie ; Dieu a fait monter plus haut le cardinal et l'a fait entrer dans le Sénat de l'Eglise.

Le cardinal et Mgr l'Evêque de Viviers, tous deux sous leur douce physionomie, sous le velours de leur figure pleine de suavité, sont des hommes forgés dans le plus pur et le plus résistant acier.

Parlons maintenant de la Vierge, notre Mère ; essayons d'expliquer pourquoi nous célébrons avec cette majesté et cette magnificence, dans cette Cathédrale, loin de Rochefort, le XIe anniversaire séculaire de la fondation de ce pèlerinage. Voici, croyons-nous, la pensée de Mgr l'Evêque de Nimes : le pieux pontife a déjà compris que Nimes appartient à Marie et que sa ville épiscopale, comme centre du diocèse, résume ainsi en elle toute la foi et toute la piété de son Eglise envers Marie. Il convient à celui qui accompagna, de longues années Mgr Plantier dans toutes les paroisses de son diocèse, de dire que. dans ce Centenaire, nous faisons revivre tout le culte de Marie répandu dans tout le diocèse de Nimes.

Prenez une carte de ce diocèse ; allez de Trèves à Villeneuve, de Génolhac à Saint-Gilles et à Beaucaire, vous constaterez que ce pays tout entier a été donné par la piété de nos pères à Marie. Malgré les variations du sol, le culte de Marie a ses chapelles, sur chaque point particulier, non pas de petites chapelles dans l'église paroissiale, mais des sanctuaires distincts ; on compte jusqu'à plus de 150 pèlerinages particuliers : chapelles rurales, monacales, en ruines ou debout ; partout le nom de Marie est associé aux images les plus gracieuses. Beaucaire et Villeneuve sont jalouses du beau panorama qui s'ouvre devant elles ; à Beaucaire, il y a la chapelle de Notre-Dame de Beauregard, à Villeneuve, la chapelle de Notre-Dame de Belvezet. Oui, partout Marie est associée à la belle nature ; à Alais, c'est Notre-Dame du Puech, près de Cendras ; puis dans les vallées Notre-Dame de Laval, Laval-Croze, la Vallée-Verte ou Vauvert, Prime-Combe. Ainsi la nature rend partout hommage à Marie.

Mais bornons-là cette énumération, étudions quelques particularités merveilleuses de l'histoire de la dévotion en l'honneur de Marie dans ce diocèse.

L'Immaculée Conception s'offre à nous tout d'abord. C'est un dogme récemment défini, et quand même la foi en cette vérité fût de tout temps pratiquée il serait difficile toutefois de retrouver quelque chapelle assez ancienne dédiée à Marie sous ce vocable. Cependant nous pourrons y aboutir au moins par induction. Visitons le temple de Diane, auprès de notre belle fontaine ; il y a, semble-t-il, sur cet édifice mystérieux quelques vestiges du culte de Diane qui peuvent nous faire en quelque sorte pressentir le culte futur de Marie. Diane fait exception à la corruption du paganisme, elle surnage, comme Moïse sur le Nil : c'est la vierge farouche, portant son arc d'argent. Sa statue est là, pas en avant, regard fier ; la main va prendre la flèche pour poursuivre l'animal qu'elle veut blesser. Et c'est là que Nimes a pris naissance, là auprès de cette source intarisssable ; c'est là que s'est faite l'agglomération qui fut d'abord gardée par Diane et ses prêtresses. Mais depuis long-temps la figure a fait place à la réalité : Diane est descendue du piédestal sur lequel Marie est montée ; la source pure et limpide qui semblait jaillir des fondations du temple de Diane appartient à Marie. Et la preuve en est l'acte officiel par lequel un évêque de Nimes. Frotaire 1ᵉʳ plaçait au temple de Diane les religieuses Bénédictines qui y ont séjourné pendant de longs siècles.

C'est ainsi que Marie, par ses vierges, a pris possession de ces lieux et qu'elle est devenue la patronne de ce pays. Fidèle à cet instinct surnaturel qui ne trompe pas, l'évêque Anthyme Denis Cohon, pressentant l'avenir a ajouté à la vieille Cathédrale, cette chapelle de la Vierge si fréquentée par toutes les générations. L'occasion s'offre naturellement de remercier l'évêque actuel de Nimes, des heureux efforts qu'il a fait pour nous conserver cette chapelle. Enfant, l'orateur y fut conduit un jour par son aïeul qui lui dit : Prions doucement. Ici la Vierge parle à ses serviteurs. On dit que M. le Curé Argaud a été vu ici élevé au dessus de terre, priant et en extase » C'était un récit fait à un enfant, mais il témoigne du culte du diocèse à l'Immaculée-Conception, précédant de deux siècles la définition de ce dogme.

Nos évêques ont rivalisé de zèle pour propager de plus en plus ce culte. En 1855, Mgr Cart, dont les armes portaient une vierge avec cette devise : *Monstra te esse Matrem* », Mgr Cart allait mourir, mais son âme toujours vaillante lui inspira, à ce moment suprême, la pensée d'associer Nimes à la gloire de la définition du dogme et il voulut que toutes les institutions à venir dans son diocèse fussent placées sous la protection de Marie Immaculée.

On parle aujourd'hui de révolte, on ferait mieux de suivre le bon conseil donné par l'Evangile qui nous apprend que pour fonder ici-bas quelque chose de stable, il importe de rendre le famille chrétienne, d'abord, par la femme pieuse à l'exemple de Marie et puis par l'homme respectant au moins sa femme. Les évêques ne parlent pas autrement aux ouvriers : unissons aux mains noires et caleuses de l'ouvrier le manteau blanc et sans tâche de Marie.

Ajoutons que c'est une pensée aussi admirable de nos évêques d'avoir placé le collège de Sommières sous le vocable de l'Immaculée Conception, ce collège auquel l'abbaye de Fontfroide et plus tard celle de Sénanque doivent d'avoir possédé un moine qui a produit en France un mouvement considérable ; comme le presbytère d'Ars, le monastère de Sénanque était assailli par la foule incessante qui allait consulter « le saint. »

Passons à un second mystère. D'où vient qu'en une modeste annexe de la paroisse de Vauvert, il y ait une dévotion spéciale à Notre-Dame de la Purification ? On ne saurait le dire, mais ce qui est certain c'est que là se trouve un tableau rappelant ce mystère. Montcalm est né près de là à Candiac ; dans son adolescence, il avait dû aller visiter cette église, entendre la sainte messe et regarder ce tableau qui devait parler à son âme. Il est bien permis dans une semblable solennité d'honorer une victime de la politique humaine et des intrigues de cour. L'homme se trouva, il est vrai, entamé par l'incrédulité, mais en son cœur il garda toujours la foi. Devant les Anglais, à l'heure suprême du péril et de la défaite, il ne recule pas ; il meurt glorieusement et le tableau de la Purification semble dire : Il a été vaincu, mais son sang est purificateur ; en mourant pour son pays, il s'est assuré la gloire. »

Hâtons-nous. Voici le mystère de la Compassion. C'est là un titre unique à Marie dans la Liturgie. Or dans la petite paroisse de Candiac il y a sur une colline une petite chapelle dédiée à Notre-Dame des Ombres ou à Notre-Dame des Imbres *Imbriarum*. Depuis le moyen-âge, cette chapelle est silencieuse, mais au xix⁰ siècle elle voit éclore, sous l'inspiration de Mgr Plantier la grande œuvre du suffrage, répandue aujourd'hui sur toute la surface de l'univers ; par cette œuvre les flammes de l'expiation laissent diminuer leurs ardeurs et les âmes qui souffrent trouvent un précieux soulagement dans cette pluie salutaire de suffrages que Notre Dame de la Compassion fait tomber sur elles. Ainsi l'archiconfrérie de Notre-Dame du Suffrage — autrefois Notre Dame des Ombres ou des Imbres — vaut à notre diocèse le renom d'avoir mieux compris et mieux accrédité le culte en faveur des âmes du Purgatoire.

Enfin le mystère de l'Assomption. Il a été toujours honoré dans le diocèse de Nimes ; 16 chapelles ont été dédiées à Marie sous ce vocable. Ici un rapprochement. Dans une ville lointaine située au milieu des montagnes Dieu a placé deux berceaux dont nous avons le droit d'être fiers, en ce jour surtout où nous faisons commémoraison des gloires du diocèse par Marie. Au siècle dernier naît d'Assas, le glorieux chevalier sur lequel une critique partiale a beau s'acharner, mais dont la mort héroïque ne peut être contestée. D'Assas est tombé pour la France en criant : A moi, Auvergne, ce sont les ennemis! Près du manoir des d'Assas au début de ce siècle, naquit un autre enfant à l'âme généreuse, noble, intrépide. Il est inutile de dire son nom ; il est acclamé de tous, celui qui nous a appris à aimer Marie dans sa glorieuse Assomption. C'est lui qui forma l'orateur à l'amour de Marie ; c'est sous sa main défaillante, à l'heure de son agonie que, évêque, il s'est incliné pour recevoir un suprême adieu. Et Marie — Notre-Dame de l'Assomption — était là tout près du saint religieux mourant : on lisait — on lit encore — sur le frontispice de la maison qu'il avait élevée en son honneur : *Beatæ Mari in cœlum assumptæ*.

Finissons par une image empruntée à ce fier rocher appelé Notre-Dame de Rochefort. De même que ce roc a résisté à toutes les tempêtes et que le mistral a essayé en vain de l'ébranler, parce que rien ne peut déraciner ce que Dieu a planté, de même, ni les persécutions, ni le mistral qui souffle au sein de toutes les sociétés ne pourront ébranler le culte de Marie enraciné dans nos cœurs.

Par une discrétion facile à comprendre, l'orateur a voulu faire le silence sur l'histoire des épreuves de nos pères. Il veut dire seulement que chez nous le peuple a toujours résisté à tous les assauts des ennemis de notre foi et nous sommes encore de ce peuple fait du sang de nos pères. Nos pères ont lutté souvent victorieux, parfois battus mais gardant toujours au cœur le désir de se relever et de vaincre.

A la ville de Nimes ces nobles traditions ont fait une place à part. Peuple, soyez fier de vos aïeux et comme eux, debout sur le roc, ne vous laissez pas descendre à terre. Si parfois l'épreuve est trop forte, serrez vos rangs ; opposez à toutes les décompositions actuelles une résistance invincible. Telle doit être notre résolution comme couronnement de ces grandes fêtes.

A Mgr l'évêque de Nimes, dit en terminant Mgr de Cabrières, un dernier mot de remerciement. Depuis Mgr Plantier, il n'y avait plus pour moi d'évêque de Nimes ; ce nom était sacré, c'était un évêque aimé, vénéré, servi comme un père ; c'est lui qui m'a placé la mitre sur la tête et a mis la crosse en mes mains ; je lui garde une fidélité que la mort elle-même ne fera pas cesser. Je vous remercie, Monseigneur, de la grande joie que vous m'avez donnée en m'appelant à ces fêtes ; j'ai été heureux de reconnaître que successeur de ce grand homme, vous êtes digne d'en occuper la place ; vous avez le cœur assez grand pour l'avoir compris et pour moi, vous êtes vraiment son successeur.

—Le salut terminé, Mgr Theuret entonne le *Te Deum* dont le chant se poursuit pendant le défilé du cortège. Mais ce défilé ne finit plus. Nosseigneurs les évêques. Mgr le Cardinal sont arrêtés par la foule qui ne peut se rassasier de leur témoigner sa piété filiale et sa reconnaissance. A la sortie, ce sont des vivats enthousiastes, éclatant sur la place, qui fait refluer jusque dans les rues voisines le trop plein qu'elle ne peut contenir, et dans la cour d'honneur du Palais tout entière envahie !

Quel majestueux et saisissant spectacle nous avions alors sous nos yeux ! Au-dessus ce cette foule, toute frémissante de joie et de bonheur, apparaissent sur le balcon, avec leurs mitres et leurs crosses, Nosseigneurs les évêques au milieu desquels Son Eminence : derrière, et les dominant, l'image de Léon XIII, chef suprême de l'Eglise. Mgr l'Evêque de Nimes ne peut contenir l'émotion qui l'oppresse ; il prend la parole pour féliciter es enfants de leur amour envers Marie, amour qui a inspiré ces élans de foi et ces manifestations si ardentes. Il leur demande de maintenir ainsi toujours leur inébranlable unité, en s'attachant de plus en plus à l'Eglise ; la pensée de Léon XIII a été dans ces fêtes présente à son esprit et a tout dominé, car le Pape dans l'Eglise, c'est la bouche qui parle, c'est le cœur qui aime, c'est la main qui bénit.

Sa Grandeur annonce alors la dépêche qu'elle a reçue de Sa Sainteté par l'intermédiaire de S. E. le cardinal Rampolla et qui est ainsi conçue :

« Sa Sainteté a été heureuse d'agréer votre hommage filial renouvelé au nom des évêques et des nombreux fidèles réunis à Nimes pour la célébration de vos fêtes. Elle envoie à tous Sa bénédiction apostolique comme gage de Sa paternelle bienveillance ».

Léon XIII était donc avec nous pendant notre triduum ; son cœur était uni au nôtre et sa main nous bénissait.

Aimons l'Eglise. Rendons à Dieu tout honneur et toute gloire, car c'est à lui que revient tout hommage et toute vénération au Ciel et sur la terre. Honorons aussi Marie qui est notre Mère et notre Reine : que le souvenir de ces fêtes nous excite à l'aimer encore davantage et à l'invoquer avec plus de confiance.

Nosseigneurs les Evêques ont alors chanté ensemble les paroles de la bénédiction solennelle ; élevant leur yeux et leurs mains vers le Ciel, ils ont appelé sur la foule prosternée et recueillie les bienfaits du Seigneur et la protection maternelle de Marie. C'était beau, majestueux, saisissant !

Le cri de : Vive Léon XIII ! jeté du haut du balcon par Mgr l'Evêque de Nimes a été répété avec enthousiasme par des milliers de bouches et clôturait ainsi dignement ces journées à jamais mémorables !

Gloire à Dieu ! Honneur à Marie !

Vénération, reconnaissance à Mgr le Cardinal, à tous les prélats et révérends abbés qui ont assisté à nos fêtes !

Profonde et vive gratitude à notre Evêque qui a su préparer de telles solennités ; il a bien mérité de sa divine Mère et de tout son diocèse ! !

F. CHAPOT.

www.ingramcontent.com/pod-product-compliance
Lightning Source LLC
LaVergne TN
LVHW010410060726
842526LV00005B/1612